éloge
de l'erreur

éloge de l'erreur

laurent degos

MANIFESTES

Éditions
Le Pommier

Du même auteur aux éditions Le Pommier

Santé: sortir des crises?, Essais « Manifestes », 2011.

Cloner est-il immoral?, Peut-on vaincre le cancer?, « Les Petites Pommes du savoir », n° 2 et 55.

Mon corps: cent mille milliards de cellules, Les organes de mon corps, Le Sang de mon corps, illustrations de Sophie Jansem, « Les minipommes » n° 2, 13 et 24.

Les Nouvelles Aventures de Candide, « Romans & plus », 1999.

Relecture: Valérie Gautheron
Mise en pages: Marina Smid

ISBN: 978-2-7465-0650-3

8, rue Férou – 75006 Paris
www.editions-lepommier.fr

Envoi

Dans un grand hôtel, impersonnel et froid, j'entre dans une salle aux dimensions inhumaines. Les sièges sont alignés à perte de vue, séparés en lots par des écrans relais. Le pupitre de l'orateur est si loin qu'on le distingue avec peine. Je cherche un compagnon d'un pays étranger avec qui je puisse échanger certains points de vue avant la session plénière, le moment phare de la journée où tout le monde se retrouvera dans cet amphithéâtre plat et démesuré.

Comme tant d'autres dans la salle – directeurs d'institutions, directeurs d'hôpitaux, assureurs, médecins, cadres de soins, soignants, représentants des associations de patients –, ayant eu des responsabilités pour accroître la qualité et la sécurité des soins de santé, je m'installe parmi les milliers d'adeptes défendant la bonne cause : diminuer les erreurs médicales. Nous avons tous en mémoire l'exemple de l'aviation civile, autrefois moyen de transport dangereux, actuellement organisation très sûre. Irais-je me faire opérer avec la même insouciance que celle que j'ai eue quand j'ai pris l'avion pour ce voyage transatlantique ? Aurais-je changé de chirurgien au dernier moment comme j'ai changé de compagnie aérienne ? Certes non !

Installé sur sa chaise, chacun attend de voir l'image de l'orateur retransmise sur l'écran relais. Chacun attend surtout la bonne parole, le réconfort du travail accompli dans son territoire depuis des années, avec la mise en place progressive de certifications, d'accréditations, de procédures, d'indicateurs et autres instruments coercitifs visant à encadrer la sécurité des soins. L'orateur est choisi pour son éloquence, sa force de persuasion, son expérience, son autorité et, surtout, pour son aptitude à surprendre.

Pour surprendre, il nous a surpris ! Son discours est clair, net et sans ambiguïté : depuis plus de vingt ans, des efforts sont déployés partout dans le monde sans qu'aucune baisse du taux d'événements indésirables dans le domaine du soin soit observée.

L'orateur suivant n'est pas plus optimiste : si l'on excepte la check-list en salle d'opération, il n'existe aucune relation entre les procédures, certifications, accréditations et les résultats obtenus pour le malade – que cela concerne le taux de mortalité évitable, de complications ou de handicaps évitables ou l'amélioration de la qualité de vie. Le suivi de procédures et le choix des indicateurs évaluant les moyens mis en œuvre n'ont aucune relation avec le résultat clinique !

Le troisième orateur sera-t-il plus réconfortant ? Eh bien non ! Il baisse les bras face à ces défaites et, en philosophe de ce domaine, situe le combat au niveau de l'éducation et de la culture, afin que chacun ait à l'esprit la sécurité au moment de chaque geste. Voilà donc la solution du problème : apporter la culture de la sécurité à tous les niveaux.

J'ai été responsable d'une institution, la Haute Autorité de santé, qui défend les intérêts collectifs pour plus de qualité et de sécurité des soins. Mais, médecin de formation, j'ai également eu à soigner des maladies très graves comme la leucémie : je sais bien que tous nos gestes sont soigneusement pesés, méticuleusement exécutés, le moindre écart pouvant provoquer une infection sévère en raison du manque de défenses des patients traités par une forte chimiothérapie. Non, la sécurité n'est pas le parent oublié de notre métier, elle est notre obsession !

Pourtant, maintenant, dans les établissements hospitaliers, des spécialistes de la qualité et de la sécurité sont recrutés pour encadrer et contrôler les professionnels de santé... lesquels ne supportent plus ces intrusions protocolaires, qu'ils jugent inutiles, ralentissant leur exercice, perturbant leur pratique et sans intérêt pour le malade.

Entre la vision collective, qui met en place des procédures, des certifications, des accréditations – sans effet visible sur le cours de la maladie –, et la vision individuelle du soin, avec son geste précis s'efforçant de guérir le malade mais avec son taux d'erreurs inhérent, il semblerait que le dialogue soit impossible, que nous soyons dans une impasse. Comment allier l'intérêt individuel de la relation soignant-soigné – qui vise à accroître l'efficacité du traitement – et l'intérêt collectif de contrôles – qui vise à apporter plus de sécurité au malade – et traduire cette démarche en un effet visible, et quantifiable, sur le soin ? La recherche d'une sécurité accrue devrait en effet s'intégrer dans le soin et avoir un effet sur le résultat pour le patient... Est-ce parce que le taux d'événements indésirables est incompressible ? Existerait-il une « fatalité » pour le soin ?

Mais se pose-t-on les bonnes questions ? Ou plutôt, ne faudrait-il pas repenser ces problématiques en fonction, tant de l'époque que de la société dans lesquelles nous vivons ?

Notre époque : tout y évolue si rapidement ! Le besoin d'innover est permanent et même vital, une nouveauté éclipse une autre, les machines sont de plus en plus sophistiquées et les systèmes de plus en plus complexes – certains si complexes qu'ils semblent hors de tout contrôle… Nous sommes souvent désarmés devant une conséquence néfaste inattendue que nous avons été incapables de prédire.

J'ai parlé du système médical, mais ce qui est manifeste en santé est tout aussi vrai pour d'autres domaines de notre société : systèmes financier, éducatif, industriel, juridique, de communication, etc. Les événements indésirables y prennent parfois l'ampleur de désastres : crises financières inattendues qui se succèdent, bulles qui éclatent sans prévenir, lycéens qui assassinent leurs compagnons de classe, succession de défaillances incompréhensibles après un tsunami, procès iniques qui condamnent des innocents, mouvements spontanés sur la Toile qui embrasent le monde…

Chacun d'entre nous craint que de tels événements se reproduisent et que nous ou nos proches en soyons les prochaines victimes. Notre société, dans son ensemble, a la hantise de ces événements indésirables inattendus.

C'est pourtant elle qui a créé ces systèmes et nous en sommes tous les acteurs. Grâce à nous, leurs ramifications se développent, leurs interfaces se multiplient tandis qu'ils s'interconnectent les uns aux autres. Mais – fait nouveau dans notre histoire –, la complexité aidant, ils en viennent à s'affranchir de notre humaine tutelle et à évoluer selon leurs propres règles. Ils nous échappent.

Pour l'heure, notre principale parade est la recherche d'une plus grande sécurité et l'application du principe de précaution, censées faire échec à l'incertitude, à l'inattendu. C'est aussi, souvent, la recherche d'un coupable, de celui par qui l'événement serait arrivé. Pourtant, dans certains cas (de plus en plus nombreux), les sanctions prononcées et les procédures mises en place n'ont que peu d'effets. Les événements indésirables semblent indifférents des actions menées : il semblerait que la recherche du « fautif » nous conduise dans un cul-de-sac.

On peut donc légitimement s'interroger : confrontée à un accident, notre société friande de boucs émissaires doit-elle forcément raisonner en termes d'erreur et de faute ? Aussi inattendu que cela puisse paraître, un petit détour linguistique s'impose.

« Erreur » et « faute » ont tous deux une origine latine. « Faute » – de *fallere*, faillir – signifie le manquement : manquement aux règles établies et donc connues (règles morales, règles d'une science, normes, règles de jeu, règlements). L'erreur – qui vient du verbe *errare* : aller çà et là, errer – est, étonnamment, définie par le *Larousse* comme « la faute commise en se trompant ». Cette association, ou confusion, peut expliquer pourquoi nous considérons l'erreur comme notre « ennemie ». Celle qui perturbe notre quotidien sans prévenir et nous fait craindre le pire : la crise financière, la guerre, les morts indues, la perte d'un emploi, etc. Et pourquoi nous cherchons tous à la chasser, dans les deux sens du terme : aller à sa chasse et la faire disparaître à jamais.

Les Anglo-Saxons ont eux gardé la distinction entre *to be at fault, to commit a fault* – commettre, volontairement, une faute – et *to err*, vaguer (*to wander* comme le dit le *Chambers Dictionary*).

Je souhaite précisément, dans cet ouvrage, vous convaincre que faire une erreur, c'est avant tout errer – au sens d'aller à l'aventure dans un environnement inconnu. Car c'est ainsi que nous avancerons dans ce monde complexe dont l'évolution incessante nous paraît aussi nécessaire qu'inéluctable – et terriblement angoissante.

Je vous invite donc à porter un autre regard sur l'erreur, ce mystère de l'inattendu. Faire l'éloge de l'erreur, c'est, paradoxalement, faire l'éloge de la sécurité et du progrès. C'est aussi reconnaître que nous construisons un monde à part dont nous découvrons les règles et auquel nous devons donner un sens…

Première partie : L'erreur fait partie de la vie

Un geste malencontreux provoque un accident.
« L'erreur est humaine », dit l'adage populaire.
Les enquêteurs d'une catastrophe déclarent que certains
« facteurs humains » en sont partiellement responsables,
cherchant toujours une cause à une conséquence.
Mais l'erreur est inhérente au fait d'avancer,
d'aller plus loin, d'évoluer. L'erreur est le fruit de la vie.

Des systèmes et des hommes

Du compliqué au complexe

Notre univers quotidien est peuplé de machines bien rodées, programmables : dans ce type de système, que l'on qualifie de « compliqué », chaque acteur connaît parfaitement son travail, chaque geste a un effet prévisible, comme dans les usines de l'industrie automobile. La présence de multiples circuits qui s'enchevêtrent – dans lesquels interviennent aussi des hommes, des groupes humains, des filiales – et d'un environnement variable qui interagit, transforme ce système compliqué en un système complexe. Un système complexe est ainsi défini comme un ensemble composé de nombreuses parties qui interagissent et qui est interdépendant avec son environnement.

Je vais prendre l'exemple de la construction d'un château de cartes pour illustrer ce propos un peu technique. Chaque carte tient par ses voisines, et toutes les cartes participent à la « survie » ou à la ruine du château. Carte après carte, l'édifice se fragilise. Jusqu'à ce qu'à un moment, branlant, il s'effondre. La fragilité est due à la somme de multiples attaches lâches entre les cartes (tout angle mal placé rendant l'ensemble instable). Notre expérience malheureuse nous a montré qu'il fallait plus de solidité pour la hauteur de château que nous espérions obtenir. Notre deuxième construction sera plus sécurisée à chaque étape.

Le système doit en effet être suffisamment sûr pour supporter plus d'innovation, plus de complexité. Je construis donc ce château jusqu'aux limites de ce que je considère comme solide (aux limites de ce que l'innovation exige comme socle solide, si on veut transposer dans un système comme la santé ou la finance). Mais voilà : une personne entre dans la pièce, ouvre la porte et un petit courant d'air fait claquer la porte. Le château s'effondre ! Tout n'est pas dû au système lui-même ; l'environnement est, à tout moment, capable de fragiliser un système pourtant sécurisé : des travaux dans le quartier dispersent des poussières dans l'air contenant un champignon mortel qui met en danger les malades sans défenses immunitaires dans l'hôpital voisin, des agences de notation précipitent des États dans une crise financière historique… Les exemples donnés sont simples ou simplifiés, la réalité est évidemment bien plus compliquée. Bien des interfaces imprévisibles avec le milieu extérieur provoquent des événements inattendus.

Un système complexe comporte donc un grand nombre d'interconnexions, une interactivité complexe interne et externe et, comme conséquence majeure, une organisation mouvante : un tout dont chaque partie évolue en fonction des autres.

Le système de santé, par ses multiples composants, représente un système devenu complexe – bien éloigné de la relation directe médecin-malade d'antan.

Ainsi un médecin peut-il prescrire un des 7 200 actes de la nomenclature, un des 5 000 médicaments, un des 50 000 dispositifs (matériaux, implants et autres) disponibles, peut adresser le patient à un spécialiste, prescrire des tests biologiques, des radiographies, faire admettre le patient dans un hôpital, demander l'aide de paramédicaux, infirmiers, masseurs-kinésithérapeutes, dentistes, etc. La variabilité est d'autant plus grande qu'il existe plusieurs centaines de maladies et que le patient peut avoir plusieurs maladies à traiter simultanément. Le nombre de situations auxquelles chaque acteur doit répondre n'a rien à voir avec celles auxquelles un acteur de l'industrie automobile est confronté. Le nombre de combinaisons d'actes médicaux n'est pas comparable avec celui des produits de cette industrie (type de voiture, couleur et options). Les chemins parcourus par les patients sont innombrables. Le résultat n'est pas totalement prévisible, en particulier si le périmètre englobant l'intervention médicale est grand. Il comprend de nombreux acteurs et intègre en permanence des innovations. L'issue est d'autant plus imprévisible que le système est mis dans une situation inhabituelle et sous pression, comme dans le cas d'une intervention non programmée et urgente.

Un système complexe est, de par sa complexité même, exposé aux incidents et accidents par des gestes apparemment inopportuns et qui, dans des circuits que l'on considérera *a posteriori* comme fragiles, sont transcrits comme des « erreurs ». Plus le système possède d'interfaces, plus les causes d'erreur sont nombreuses et enchaînées dans un circuit d'actes successifs. Tolstoi le faisait déjà remarquer dans *Guerre et Paix*: « Plus nous nous plongeons dans la recherche de ces causes, plus nombreuses elles se découvrent à nous, et chacune d'elles prise séparément ou toute une série d'entre elles nous apparaît aussi juste en soi que fausse par son insignifiance en regard de l'immensité de l'événement et par son incapacité à l'avoir déterminé sans l'intervention de toutes les autres causes concordantes. »

Des erreurs que l'on dénomme « involontaires » surviennent ainsi tous les jours et des accidents appelés « événements indésirables », non évitables, surgissent au milieu d'une pratique pourtant bien réglée.

En outre, si les technologies sont dangereuses, les erreurs risquent d'aboutir – certes rarement – à des catastrophes[1], comme la destruction des centrales atomiques japonaises inondées par le tsunami en 2011, ou, pour rester dans le système de santé, les erreurs de dose lors de l'irradiation des malades des hôpitaux d'Épinal et de Toulouse. De façon plus courante, dans le système de la santé, des événements indésirables sévères surviennent de façon beaucoup plus fréquente que les accidents de la route: pour frapper les esprits, les Américains comparent le nombre de morts dus aux soins dans leur pays à un crash d'avion Jumbo tous les deux jours…

À l'instar du monde vivant, des systèmes qui évoluent et s'adaptent

Si, en principe, un système complexe évolue pour lui-même et par lui-même au hasard des circonstances, il est cependant rare qu'un système n'ait pas un but qui l'oblige à *s'adapter*.

Plus élaboré que le « simple » système complexe, le système complexe adaptatif cherche à optimiser une valeur commune. Il peut s'agir de performance, de réputation, d'enrichissement, d'expansion ou de tout autre objectif de l'ensemble. La valeur première, essentielle et existentielle, est la survie au sein d'un environnement souvent changeant : le système évolue et s'adapte.

Jusqu'à des temps récents, nous n'avions comme exemple d'adaptation d'un grand système que l'évolution du monde vivant suivant la théorie de Charles Darwin et les lois du moine Gregor Mendel gouvernant la transmission des gènes. Le monde vivant évolue, s'adapte, et la vie se perpétue. La Nature suit des lois et des règles propres qui permettent aux différentes espèces, dont l'espèce humaine, de persévérer malgré les prédateurs ou les changements climatiques. À travers le monde vivant, nous chercherons à comprendre les règles et les comportements des systèmes complexes adaptatifs et à en tirer des leçons.

Le monde vivant comme modèle de système complexe adaptatif

Au centre de l'évolution se trouve un moteur, l'erreur – prise dans le sens d'errer, d'aller çà et là. L'homme ne serait pas apparu sans les erreurs et les chaos qui fondent l'évolution du monde vivant.

Quelles sont donc ces lois qui permettent l'évolution de façon adaptée et fondée sur l'erreur ?

L'adaptation s'exerce à deux moments : celui de la reproduction et celui de la sélection naturelle, tous deux intervenant par la transmission des gènes.

Le patrimoine génétique se localise dans des chromosomes qui, dans le cas des organismes sexués, sont en double. Dans la descendance, chaque nouvel être reçoit un jeu de chromosomes venant du père et un autre venant de la mère: chaque nouvel être a un double jeu de gènes contenus dans un double jeu de chromosomes. Le même patrimoine génétique est donc transmis au niveau de la population, comme dans un jeu de cartes où chaque génération est une donne différente. Bien des combinaisons et recombinaisons plus ou moins heureuses sont possibles, le jeu de cartes reste cependant le même. Tout paraît donc immuable… Si tel était le cas, nous serions encore des bactéries et toute la théorie de l'évolution du monde vivant de Charles Darwin serait fausse. L'inclusion de nouveautés est indispensable pour évoluer.

Le patrimoine des gènes est transmis d'une génération à l'autre selon un code, le code génétique. Les gènes sont des portions de la longue chaîne composée d'acides nucléiques (ADN) dont il existe quatre types A (adénine), T (thymine), C (cytosine), G (guanine), reliés entre eux pour former une hélice. Face à une hélice s'enroule une deuxième hélice dans un ordre bien défini. À chaque lettre A d'une hélice correspond une lettre T de l'autre, et à chaque lettre G correspond une lettre C. Un alphabet de quatre lettres et des couples A-T et C-G forment la double hélice de l'ADN. Lors de la division des cellules, la double hélice se scinde en deux et chaque chaîne, composée de la succession des lettres de cet alphabet, reconstruit son complément avec toujours le même code A en face de T et C en face de G. Rien de plus simple et rien de plus codé pour dupliquer une longue liste de lettres.

Pour autant, la copie n'est pas parfaite, le code génétique n'est pas aussi fiable qu'on l'imagine : on compte une erreur pour mille lettres copiées. 99 % sont corrigées grâce à un système d'édition sophistiqué, ce qui fait qu'une lettre sur cent mille est fausse. Une erreur sur cent mille est ce que nous appelons un « système très sûr », proche de celui de la sécurité de l'aviation civile. Il existe un nombre variable de gènes suivant les espèces, par exemple trente mille gènes chez l'Homme, et chaque gène est constitué en moyenne de quatre cents lettres ; donc, dans l'exemple de l'homme, douze millions de copies de lettres sont effectuées à chaque division cellulaire, si on ne considère que les portions d'ADN contenant les gènes (le restant de l'ADN étant certes copié mais non transcrit et traduit en un produit). On en déduit qu'il existe en moyenne cent vingt erreurs à chaque naissance de nouvelle cellule. Il n'existe donc qu'un nombre limité d'erreurs à chaque naissance d'un être vivant – sachant que très peu de divisions cellulaires sont nécessaires depuis la fécondation jusqu'au moment où se fabriquent les ovocytes ou les spermatozoïdes. Ces erreurs n'ont généralement aucune incidence grave. La flexibilité du génome est encore plus grande que la variabilité due aux défauts de copie : d'autres phénomènes de duplication, de perte, d'addition de séquences d'ADN accroissent la diversité du patrimoine génétique. Toutes ces variations accumulées, générées et transmises marquent notre capacité à évoluer.

Mais lorsqu'un effet apparaît, il s'agit la plupart du temps d'un défaut malencontreux – ce que les généticiens appellent le « fardeau génétique » – et rarement d'un succès qui améliore l'état de l'individu par rapport à ses congénères.

Et plus la flexibilité est grande, c'est-à-dire plus les erreurs sont admises, plus le système évolue rapidement, mais au prix d'un fardeau plus lourd. L'équilibre entre le bénéfice et le fardeau est le reflet entre la vitesse d'évolution recherchée et la mise en péril du système. L'erreur est le moteur qui permet l'évolution, l'adaptation et donc la conservation de l'espèce, mais elle est dangereuse.

La Nature ne peut se permettre de garder un fardeau qui s'alourdit de génération en génération. Pour éviter cela, la sélection naturelle fait le tri entre l'erreur bénéfique, conservée, et l'erreur nocive, éliminée. Deux moyens d'action et seulement deux donnent à la sélection naturelle sa force d'adaptation et sa capacité d'alléger le fardeau : l'impossibilité de transmettre à une génération future le trait inadapté (mortalité avant la puberté, ou infertilité de ceux qui possèdent le défaut), et la taille des familles (les plus adaptées ayant plus de descendants). Plus la flexibilité comporte un vaste espace de liberté jugé par le niveau d'erreurs, plus l'adaptation est rapide, mais plus le besoin d'une « sélection » forte est nécessaire pour une survie durable.

Ainsi l'erreur est-elle inhérente au monde vivant et à son évolution. L'accident est le prix à payer pour la survie. L'erreur n'est pas condamnable, elle est obligée, elle est. Elle comporte des vertus qui permettent, dans un environnement changeant, de faire évoluer le système. Elle en est le moteur d'adaptation face aux changements de l'environnement. Sans erreur, le système n'évolue pas et disparaît du fait de l'hostilité des autres systèmes. La vie est dans le déséquilibre… et dans l'erreur.

Entre fardeau et innovation

À l'instar du système vivant, les autres systèmes complexes adaptatifs doivent eux aussi pondérer fardeau (pour reprendre le terme des généticiens) et innovation.

Le fardeau apparaît durant les deux temps d'installation de la nouveauté: celui de sa recherche et celui de son exploitation.

La recherche de nouveautés afin de mieux s'adapter est un moment qui est un fardeau pour le système qui en a la charge. Plus l'environnement met le système sous tension, en situation de crise, plus les essais sont nombreux pour espérer trouver une porte de sortie, plus le fardeau est lourd.

Prenons l'exemple de la recherche de nouveaux médicaments: l'industrie pharmaceutique est confrontée à la fois à la révolution des médicaments biotechnologiques et à la pression financière de maîtrise des dépenses et donc à la contrainte du bien-fondé des investissements en recherche. Il devient de plus en plus difficile de supporter le fardeau des expériences multiples pour découvrir de nouveaux médicaments. Aussi les firmes pharmaceutiques diminuent-elles progressivement leur part propre de recherche et rachètent-elles les découvertes positives des « start-up » qui, elles-mêmes, ont été créées sur les succès obtenus après de nombreux essais réalisés dans le milieu universitaire et académique. Un choix sélectif de « ce qui marche » allège le fardeau de l'industriel, laissant le poids du « bruit de fond » (ce qui ne marche pas) aux institutions académiques, et le tri à la « sélection naturelle » des start-up – seules les plus « viables » du point de vue commercial survivent.

Après le temps de la recherche, le développement de l'innovation est lui aussi un moment propice aux accidents inattendus. Nous avons tous fait l'expérience des troubles et incidents lorsqu'une organisation nouvelle est mise en place ou lorsque des technologies informatiques remplacent les contacts humains. Souvenez-vous des désagréments et incidents dans la délivrance des billets de train lors de l'installation du logiciel Socrate à la SNCF. Les promoteurs de telles modifications avaient tout prévu suivant leurs savoirs, et pourtant… Toute innovation, même bien choisie, bien contrôlée avec les moyens connus, apporte son lot d'événements indésirables lors de sa mise en place.

Les responsables des collectivités locales connaissent bien la survenue d'accidents due à un changement du sens de circulation, à la mise en place de pistes cyclables, à la possibilité pour les cyclistes de prendre des sens interdits…

Dans un autre registre, l'histoire des greffes d'organes relate les succès mais aussi les déboires dus aux rejets, réactions du greffon contre le receveur et autres perturbations alourdissant le fardeau supporté par les malades. Nous allons vivre prochainement l'instauration de la médecine régénérative. On sait qu'il existe un risque de cancer inhérent aux cellules apportées, car elles ont été modifiées en laboratoire pour permettre leur multiplication (afin d'en injecter un nombre suffisant). Mais bien d'autres imprévus surviendront. Ce n'est qu'en faisant l'expérience qu'on jugera si le fardeau est trop lourd ou si tout sera maîtrisé progressivement pour le bien du malade.

Le risque qui se révèle lors de la mise en œuvre alors qu'aucune technologie ne pouvait le prévoir est appelé « risque de développement » ; il est différemment interprété suivant les pays. La plupart des pays européens exemptent le constructeur de toute responsabilité. Le risque de développement, qui s'apparente à l'erreur inattendue, ne doit pas être confondu avec la faute commise lorsque le danger est connu et que le produit est sur le marché. C'est pourquoi les constructeurs d'automobiles rappellent toutes les voitures susceptibles d'avoir un défaut dès qu'ils ont connaissance d'une défaillance. Cependant, en France, si le risque de développement est considéré pour tout produit, la loi fait une exception pour les produits biologiques (produits sanguins et organes greffés), non pour des raisons scientifiques – car qui peut prévoir des risques inconnus de produits naturels complexes ? –, mais pour permettre l'indemnisation des victimes par les centres de transfusion sanguine (conséquence de l'affaire du sang contaminé).

Quelle gouvernance, quelle autorité ?

Appuyer sur la pédale de frein d'une voiture (qui est un système compliqué) l'arrête. La structure d'un système complexe est quant à elle difficile à appréhender et son comportement est imprévisible. Dans un système complexe, par définition, il n'existe pas de lien direct entre la cause et la conséquence, ou, tout au moins, la linéarité n'est pas celle attendue.

Le nombre d'interactions entre les composants accroît en outre l'incertitude sur la réaction de l'ensemble. Un système complexe n'est pas homogène, et les différences entre les parties prenantes (par leur culture, leurs convictions, l'acceptation de facteurs interférents, les contraintes économiques ou la disponibilité des ressources) ajoutent de la discordance interne, rendent encore plus imprévisible l'issue et accroissent le risque d'erreur.

Un système complexe peut-il néanmoins se manœuvrer ?

Trois tentations

La première tentation est d'enrégimenter les agents qui le composent. Mais un système complexe ne se gouverne pas de haut en bas : le résultat des mesures prescrites est imprévisible. Le ministre de l'Éducation nationale ordonne la reprise des cours : les lycéens n'en font qu'à leur tête, manifestant dans la rue. La ministre de la Santé demande que la population soit vaccinée contre le virus H1N1 : les infirmières, aux premières loges de l'épidémie, refusent le vaccin pour elles-mêmes.

On est loin de l'ordre, des circuits prédéfinis par le sommet de la hiérarchie, de la surveillance telle qu'elle est définie par Michel Foucault[2]. Loin de la gouvernance par l'autorité sur des machines bien huilées des systèmes compliqués : les contrôleurs du ciel, les plans de vol et les attributions de lignes délimitent les règles de l'aviation civile. Il ne viendrait à l'idée de personne de laisser s'auto-organiser l'aviation civile. Tout sera fait pour que le système reste compliqué, et ne devienne pas complexe.

Sans compter que si les ordres ne sont pas explicites ou s'ils changent en cours de route, tout l'ensemble est perturbé.

On a ainsi, au cours des dix dernières années, demandé aux équipes hospitalières d'accroître l'activité (comme dans toute entreprise) puis de la diminuer (dans le cadre d'un budget global immuable et indépendant de l'activité), puis de l'augmenter (du fait de la tarification à l'activité) et on va bientôt leur demander de la diminuer (au profit de l'activité de proximité des maisons de santé – une mutation effectuée dans tous les pays industrialisés). Pour compliquer le message, personne ne sait si la tarification à l'activité actuellement en vigueur est un moyen de comparer les établissements et de les mettre en concurrence pour plus de performance, ou un moyen de pilotage en tarifant de façon privilégiée des activités que la gouvernance souhaite promouvoir, comme cela a été fait pour valoriser les soins palliatifs[3].

Comment les acteurs peuvent-ils se considérer comme partie d'un système complexe adaptatif si l'objectif est ambigu ou change en si peu de temps et de façon diamétralement opposée ? Les acteurs deviennent indépendants, résistants : moins flexibles et détachés de l'adhésion au schéma général. Ils ont alors tendance à avoir un comportement de détournement face aux ordres ou aux règles et construisent d'autres circuits qui correspondent à leur propre dessein.

Les changements de cap dans la gestion hospitalière en France tels qu'on vient de les résumer, ou les réformes de l'Éducation nationale – qui, à chaque changement de gouvernement, modifient les objectifs (éduquer ou instruire), les programmes, les matières enseignées, les filières, l'emploi du temps hebdomadaire – font fluctuer le système et mettent son organisation en danger.

La deuxième tentation est de piloter le système complexe de l'extérieur, en pensant bien agir dans le sens de l'objectif commun. Les conséquences des décisions vont parfois à l'inverse de ce qui était recherché.

Par exemple, les financeurs du système de santé (qui ne sont pas des professionnels de santé) envisagent souvent de payer les médecins « à la performance », mais le résultat clinique, c'est-à-dire le taux de guérison, de mortalité ou de handicap, n'est pas au rendez-vous. Ainsi, en Grande-Bretagne, le National Health Service avait-il proposé d'accroître de façon très substantielle (jusqu'à le doubler) le salaire des médecins généralistes s'ils répondaient aux critères de performance. Les médecins ont été très nombreux à obtenir de très bons scores, ce qui a eu pour conséquence un coût non négligeable. L'analyse a révélé que l'incitation n'avait fait que favoriser une accélération de l'amélioration des pratiques sélectionnées par ces critères, lesquelles étaient déjà en progression positive ; en revanche, de nombreux autres actes médicaux avaient été délaissés et leur performance s'était dégradée car ils n'étaient pas mesurés par un indicateur et ne rapportaient rien au praticien. Tant est si bien que le résultat pour la santé publique a été plutôt défavorable[4].

Une incitation similaire, mais inverse, a été appliquée à 398 hôpitaux aux États-Unis de 2006 à 2011 : les actes qui avaient provoqué une infection évitable n'étaient pas payés. Cette mesure n'a eu aucun effet particulier : la décroissance du taux d'infection dans le temps y était identique à celle des hôpitaux ne pratiquant cette sanction[5].

Il est donc possible d'incorporer une certaine préférence contrôlée dans un système complexe, mais l'effet final de cette option est imprévisible. Encore faut-il savoir quel est l'objectif. Diminuer les dépenses ou considérer le résultat global en matière de résultat clinique, c'est-à-dire moins de morts, moins de complications, moins de handicaps et plus de qualité de vie pour le patient ?

Bien plus, un système complexe adaptatif n'étant pas la somme de chacune des parties, l'action sur une portion peut entraîner des répercussions sur d'autres : par exemple, avec le paiement à la performance des médecins généralistes, des demandes du même type d'opportunité de la part des autres professionnels de santé, une incidence sur l'équilibre économique industriel, des maladies délaissées, etc.

Une variante de cette tentation d'orienter le système est de le conduire vers un objectif désiré qui contrarie l'organisation naturelle : par exemple diriger le croisement des chevaux pour obtenir une race de pur-sang qui courent vite. Les croisements successifs rendent les animaux certes performants pour l'objectif désiré par des ordonnateurs extérieurs, mais aussi très fragiles. Les purs sangs sont des animaux peu performants dans un contexte qui n'est pas celui de la course. Et si le cheval se blesse lors d'une course, il est abattu car il n'obtiendra jamais de résultats performants dans de futures compétitions, la course étant le seul objectif (artificiel) qu'on lui ait donné. Il ne faudrait pas qu'on organise notre société sur ce modèle !

Une troisième tentation est celle de... copier le voisin. Cependant, chaque ensemble est unique, tant par son organisation interne que par ses relations avec les autres ensembles. Une réflexion du National Health Service de Grande-Bretagne rapporte que chaque pays pensant que son système de santé peut s'améliorer change en prenant comme modèle celui du voisin au moment où celui-ci l'abandonne et adopte celui d'un autre voisin qui lui paraît meilleur ! Nous parlons souvent des modèles suédois ou hollandais alors que ceux-ci envient la première place de notre système de soins en nombre de morts indues évitées lors de la prise en charge des malades[6]. Courir après un modèle ne semble pas la solution, mieux vaut favoriser une organisation propre pour mieux s'adapter dans un contexte toujours particulier.

Pour résumer, le diktat de haut en bas (*top-down*), le contrôle uniforme par le sommet ou par l'extérieur, la copie des systèmes voisins se conçoivent pour des situations compliquées avec des machines huilées. Au sein d'un système complexe adaptatif, les changements chaotiques, rapides, sans schéma apparent, défient toute possibilité de gouvernance classique ou de plan ordonné et contrôlé.

Une auto-organisation sur le fil

Le comportement de l'ensemble paraît inopiné et dû au hasard ; et pourtant, on est étonné par la logique des actions : l'ensemble, confronté aux vagues imprévisibles, se gère par lui-même.

Un système complexe a en effet une tendance à l'auto-organisation, selon des règles propres : devenant autonome, chaque partie se prend en charge en fonction des compétences et de la perspicacité des acteurs ; sont parallèlement associés la synergie, la flexibilité et l'esprit d'équipe de chacune d'entre elles. Il arrive même que les actions dispersées de chacun des sous-ensembles se mettent en phase, créant soudainement un grand mouvement unitaire.

Les lycées, les classes sont autant de parties relativement autonomes mais interdépendantes du système éducatif. Les services hospitaliers, les cabinets médicaux ou les maisons de santé en ville ont leur propre auto-organisation tout en ayant des interdépendances avec les autres parties du système de santé.

La notion de responsabilité prend une tout autre forme que celle d'un acte délibérément accompli. Elle est relative aux circonstances et non absolue, et elle se place à tous les niveaux et non sous la coupe de la surveillance d'un dirigeant.

C'est donc de l'intérieur que naît l'organisation adaptable et évolutive, propre au contexte. Il n'existe pas de contrôle centralisé pour le marché des vêtements ou celui des marchés à la Bourse, en dehors des règles de base de prévention de fausses informations, de délit d'initiés ou de conflits d'intérêts. Le système s'auto-organise, s'adapte, survit, rappelant la devise de la Ville de Paris (autre système complexe adaptatif) : *Fluctuat nec mergitur*, « Vogue mais ne sombre pas ».

Bien entendu, le choix du schéma ou de la valeur qui oriente le système adaptatif est central ; dans le cas contraire (comme nous l'avons vu plus haut avec les changements de cap dans la gestion hospitalière en France), l'évolution de celui-ci se heurte à des attitudes naturelles catégorielles ou à la suprématie d'un sous-ensemble dominant, qui engendre un conflit interne. En effet, en situation d'incertitude, chacun, en interne, veut mettre en exergue sa propre interprétation.

Et lorsque dissensions et pressions s'accumulent, le système est en danger. Sous pression, les erreurs deviennent de plus en plus dangereuses. La pression oblige à conduire à vue. C'est dans ces moments que la coordination doit être au premier plan pour ne pas entraîner le système dans l'accident mortel. Un malade se trouve dans une situation complexe due à la défaillance de différents organes. Il risque la catastrophe si chaque spécialiste décide seul de la marche à suivre, sans intégration, sans coordonnateur, sans stratège unique qui adapte le cap au moment présent. Il est étonnant de voir que les remerciements (au lieu des reproches) affluent lorsqu'un patient est sorti d'une mauvaise passe due à des erreurs multiples et successives. La reconnaissance du rôle du coordinateur est plus forte que le souvenir des mauvais moments.

Parfois, le sacrifice de l'objectif premier permet de sauver le tout. Un chirurgien qui opère sous laparoscopie (petite ouverture par laquelle il passe un tube contenant tous ses instruments et un capteur vidéo en relation avec un écran) peut décider d'interrompre cette « voie d'abord » pour une raison majeure de saignement non contrôlé par exemple ; il ouvre alors grand l'abdomen, change de cap et d'objectif. Il renonce à la petite cicatrice mais évite un risque important. Il est seul à décider. Il en assume les conséquences. Dans le cas d'un grand programme national ou international qui s'enclenche mal, les dirigeants en place ont des difficultés à renoncer à l'objectif premier. Pour autant, dans le cas de l'Irak ou de l'Afghanistan, le retrait des troupes a évité un enlisement délétère. La décision est parfois mal interprétée.

Plus le système est proche du danger, plus l'objectif est incarné par un homme sorti du rang qui prend les rênes en main, un sauveur qui minimise l'insécurité et prend la barre. Les dirigeants de remplacement, inconnus au moment des grands soulèvements nationaux, sont souvent éphémères et on parle de « gouvernements de transition ». Devant la perspective d'une crise, on peut se poser la question de la capacité de dirigeants polyvalents, extérieurs au système complexe, formés au déroulement stable d'une organisation bien rodée.

La reprise en main est souvent trop tardive, la tendance étant de courir derrière les événements. Les crises financières récentes démontrent le mélange, en l'absence de coordonateur, des volontés de changement et de suivi de procédures basées sur les expériences passées. Les profiteurs agissent d'ailleurs dans ces moments de flottement, au détriment du système lui-même. Où peut mener un attelage, non seulement extérieur au système, mais tiraillé par des propositions multiples et contradictoires et plombé par des intérêts individuels sans scrupules ?

LA VIE EST DANS LE DÉSÉQUILIBRE

« *Life is like a bicycle : to keep balance you must keep moving* », disait Albert Einstein. La vie est comme monter sur une bicyclette : pour garder l'équilibre il faut rester en mouvement. Il est aussi dangereux de tomber à l'arrêt que de ne pas maîtriser sa vitesse et d'avoir un accident. Un système complexe adaptatif évolue en effet constamment entre deux bornes, aussi attirantes que dangereuses : l'inertie et le chaos. Nous venons de le voir, la frontière est ténue entre auto-organisation et autodestruction.

La vie est entre deux morts

D'un côté, le système cherche à supprimer tout ce qui est inattendu, misant sur une sécurité extrême, ajoutant sans cesse des normes et des règles. Il se place dans une situation régulée, ordonnée, sécurisée, reproductible, fruit de démarches de plus en plus pointilleuses destinées à s'assurer qu'aucun inconvénient ne surviendra, à exclure toute possibilité d'erreur.

Ces états stables et très ordonnés ne sont pas propices aux innovations et aux évolutions : tout essai de modification se heurte en effet aux règles internes, dont celles qui ont permis d'atteindre un degré de très grande sécurité et qui figent le système. Le système est inerte.

De ce fait, le système ne sait répondre ou même reconnaître les changements internes ou externes. Il ne s'adapte plus. Les accidents surprennent et réveillent les acteurs. La politique de la tête sous l'oreiller devant la mutation de l'hôpital qui devrait, grâce aux progrès techniques, diminuer le nombre de lits et favoriser les soins ambulatoires risque d'engendrer des réveils douloureux. On prend l'habitude de faire ainsi, tout marche bien… jusqu'au jour où la catastrophe surprend (catastrophe sociale en ce qui concerne l'hôpital).

D'autres exemples de stagnation, ou d'absence de réaction face à une inertie, méritent une mention particulière. Ainsi, en Grande-Bretagne, le refus de vacciner les enfants contre la rougeole a été responsable de la survenue de cas de rougeole grave, voire mortelle, chez des adultes, car cette maladie est beaucoup plus sévère lorsqu'elle survient à l'âge adulte. Une fausse information circulait dans la population : la vaccination contre la rougeole entraînait une susceptibilité à l'autisme. Pourquoi se faire vacciner, prendre un risque, alors que la rougeole disparaissait du paysage ? Cette prétendue susceptibilité à l'autisme a été formellement et violemment démentie par tous les scientifiques mais le système a laissé s'instituer pendant longtemps un déficit de vaccination, jusqu'au jour où des cas graves sont apparus chez les adultes. On peut rapprocher de cet exemple les tergiversations des médecins français à propos du soi-disant (car il n'a jamais pu être démontré, notamment chez le petit-enfant, et n'a jamais été mis en cause dans un autre pays que la France) risque de sclérose en plaques lié à la vaccination contre l'hépatite B. Cette controverse est à l'origine de la diminution de protection d'une grande partie de la population et la société sera surprise lorsque réapparaîtront des hépatites fulminantes mortelles dues à l'infection par le virus de l'hépatite B.

Les systèmes complexes qui ne s'adaptent pas évoluent de façon imprévisible jusqu'à, parfois, l'accident fatal, qui fait exploser l'ensemble du système. Le système bascule alors dans le chaos. Il faut parfois passer par ce moment bouleversant pour tourner la page du passé et repartir sur des bases nouvelles.

La démarche n'est pas rationnelle au sens d'un raisonnement explicite, volontaire et prévisible. Elle n'est pas non plus le fruit du hasard. La théorie du chaos décrit en effet des équations non linéaires où le résultat de l'une sert de point de départ à la suivante. Après de multiples itérations et combinaisons, quelles que soient les conditions du début, l'issue est imprévisible, mais elle est organisée. Le développement psychomoteur d'un enfant, par exemple, passe par des moments accidentels, des incidences et des rencontres, qui marquent des temps et de nouveaux départs qui n'étaient pas prévisibles lors de la naissance.

Les acteurs eux-mêmes peuvent parfois être tentés par le grand chambardement, la révolution, le désir de l'extrême, lorsque la réparation des défauts semble impossible, que les crises s'enchaînent. Ils pointent l'inadaptation du système avec le milieu dans lequel ils évoluent, espèrent un nouvel ordre et s'expriment par le désordre interne. Mais il faut savoir que le chaos n'engendre un nouvel ordre qu'après avoir fait beaucoup de dégâts. À l'approche de la borne du chaos, les réformateurs (réparateurs) qui résistent à l'autodestruction et ceux qui veulent un nouvel ordre se livrent un combat. Le passage à l'acte ne se déroule pas sans dommages. Les révolutions des pays du sud de la Méditerranée ne se font pas sans douleur.

Inertie et chaos sont les récifs sur lesquels tout système complexe risque de s'échouer lors de sa navigation au long cours. Combien de sociétés industrielles, dont la vie dépendait de produits obsolètes ont disparu, attachées à leur état de stabilité ou à leurs compétences sans voir que l'environnement changeait ? Le 19 janvier 2012, après plus de cent trente ans d'existence, la société Kodak faisait faillite. Pourquoi cette chute alors que l'entreprise était considérée comme une des plus emblématiques du XXe siècle ? Kodak a amélioré ses films photographiques en noir et blanc, puis en couleurs, a raccourci le temps de développement, a fait des pellicules performantes pour le cinéma. Elle s'est attachée à faire des progrès sur les supports film et papier, oubliant l'émergence du numérique. Nous faisons probablement la même faute (et non pas erreur) en nous attachant aux hôpitaux, aux structures de soins, alors que la population demande à être soignée quel qu'en soit le moyen. Et que penser de nos vieilles habitudes et des structures de l'enseignement, notamment universitaires avec les cours magistraux dans des amphithéâtres déserts ?

Inversement, combien d'autres activités, notamment financières, et certes innovantes, sont parties dans des évolutions folles et mortelles ? Elles deviennent ingérables, et la catastrophe peut survenir à tout moment, comme avec les bulles des nouvelles technologies ou les bulles immobilières, dont l'éclatement met en péril tout le système. L'expérience des crises antérieures peut suggérer des aménagements possibles, mais le système vit par pulsions, par fluctuations, et les niches qui se croient à l'abri sont emportées par un flot incontrôlable. Le système passe du bord du chaos au chaos.

Or, il lui faut constamment rester « au bord du chaos ». Il s'agit certes d'une zone de batailles, de réactions, de manifestations, mais cet état permet l'adaptation et la vie. Plus on est proche de la zone de risque, plus on accroît les chances de faire évoluer le système. S'approcher du danger sans tomber, sans se détruire, est à la fois une tentation, une nécessité et un défi.

L'ensemble est pérenne parce qu'il est au bord du chaos. L'ensemble vit parce qu'il expérimente des situations obligatoires au bord du chaos, comportant des erreurs, des accidents, des succès. Il évite le chaos qui le met en danger et il évite aussi la stabilité mortelle face à un environnement changeant et dangereux. La vie est entre deux morts. La vie oblige à prendre des risques et à expérimenter des erreurs.

L'individu – car l'individu est un système complexe évolutif – a la même attirance vers ces deux bornes. Certains désirent la sécurité, la stabilité, les normes et les règles. D'autres jouent avec le chaos, l'accident, la mort tragique. Le sportif extrême, le baroudeur paramilitaire, le joueur qui risque sa fortune, trouvent leur pleine extase dans l'approche de l'irréversible. Le rebondissement après l'accident et l'envie de recommencer toujours plus loin marquent l'attirance du chaos. Entre l'esprit de précaution et l'esprit révolutionnaire se situe l'esprit d'entreprise, avec son cortège d'erreurs, mais aussi sa capacité d'évolution. Assurément, nous ne cherchons pas tous à atteindre ces bornes extrêmes mais nous vivons avec le désir d'entreprendre tout en avançant avec prudence.

Une fois sorti d'une mauvaise passe, de l'accident ou du chaos, le système est rendu plus complexe, étendant souvent sa zone d'influence pour mieux contrôler le contexte et augmentant donc le nombre des interfaces. Les mesures prenant en compte la connaissance des causes et des conséquences de la crise diminuent la liberté des éléments du système. Les crises financières successives conduisent à fixer des règles mais celles-ci rendent encore plus complexe le système et l'issue d'une tourmente ultérieure est encore plus aléatoire et conséquente que la précédente.

Il est donc d'autant plus important que, dans sa progression entre l'inertie et le chaos, le système complexe adaptatif ait un objectif clair, non contredit par d'autres émetteurs. Les indicateurs pour mesurer l'avancement doivent donc être ceux du résultat final recherché par l'ensemble et non ceux de chacune des parties. L'objectif ne peut être que celui du résultat final pour l'ensemble, en choisissant celui qui est le plus bénéfique lors de compétition entre différentes options.

L'objectif basé sur un critère intermédiaire (le *surrogate* des Anglo-Saxons) plutôt que sur le critère principal (celui du résultat) a souvent été en pris en défaut. Tel médicament qui fait baisser le cholestérol (critère intermédiaire) n'a aucun effet sur le risque d'infarctus du myocarde (objectif final). Tel autre qui fait diminuer le taux de glycémie ne change en rien le risque des maladies vasculaires à long terme. La liste est longue des indicateurs intermédiaires que l'on croyait fiables et qui se sont révélés sans rapport avec le résultat final.

Un déséquilibre à plusieurs

La nature, qui nous sert de guide historique, nous révèle que nous évoluons à plusieurs, avec des partenaires fidèles qui nous aident. Nous n'évoluons pas seuls mais coévoluons avec les bactéries et d'autres espèces vivantes (virus, levures) que nous abritons. L'adaptation est favorisée face à l'environnement par cette intégration en soi d'une partie aidante du monde extérieur. Chacun apporte à l'autre une part de vie, les bactéries que nous abritons dans nos intestins nous fournissant des substances essentielles et favorisant la digestion. Pour autant, ces partenaires peuvent, dans certaines circonstances, se révéler dangereux. En particulier, lorsqu'un des membres prend le dessus, la maladie infectieuse survient. Les chercheurs expliquent l'origine de certaines maladies, notamment inflammatoires, par le type de flore microbienne que nous possédons.

La sélection naturelle a pu permettre la coexistence d'êtres vivants dans certaines conditions ou reconnaître leur incompatibilité dans un autre environnement. Ainsi, la drépanocytose, maladie héréditaire du globule rouge qui provoque une anémie, induit une résistance au paludisme. Cette anomalie de l'hémoglobine a été sélectionnée en Afrique où la malaria (ou paludisme) est fréquente. En revanche, les troubles que la drépanocytose engendre sont malencontreux dans les pays où le paludisme a été éradiqué (comme aux États-Unis ou aux Antilles). La même erreur n'a pas la même « valeur » suivant l'objectif recherché. Elle n'a pas le même effet suivant le contexte.

Nous sommes contraints de vivre avec nos erreurs… et avec celles des autres. L'erreur survient à tout moment et dans n'importe quel secteur. Elle est d'autant plus fréquente que l'environnement change. Le monde environnant turbulent est la règle plutôt que l'exception, et l'équilibre est encore plus délicat à plusieurs systèmes complexes dans une coexistence complémentaire. Dans notre société, nous connaissons l'intrication entre le système financier, l'éducation, la santé, les moyens de télécommunication et bien d'autres ensembles dont la perturbation (l'erreur) de l'un provoque des remous sur tous les autres.

Composer avec les erreurs

Comment diminuer les conséquences néfastes des erreurs ? Le système possède ses propres moyens qui le protègent des catastrophes malgré les erreurs qui surviennent à tout moment.

En premier lieu, une des caractéristiques des systèmes complexes adaptatifs est de comporter de nombreuses voies alternes ou des redondances : la plupart des erreurs sont compensées par des circuits qui contournent l'obstacle.

La nature nous en offre un exemple : les scientifiques ont, lorsqu'ils ont fait l'expérience de supprimer chez la souris un gène essentiel pour la défense immunitaire des mammifères, le gène IL2 (interleukine 2), été surpris de constater que la souris s'en portait très bien, sans maladie apparente. Bien d'autres gènes ont ainsi été supprimés (invalidés) sur des souris (pour cette raison qualifiées de *knock out*) sans effet visible, ou minime par rapport à ce qu'on pouvait en attendre. Les erreurs (ici provoquées par l'expérience) sont présentes mais leurs conséquences sont invisibles car il existe des circuits alternes compensateurs.

Le manque total de contrôle ou de régulateur est moins délétère qu'un défaut faisant marcher le circuit cahin-caha. Une voiture peut circuler sans frein à main. Le danger se manifestera lorsqu'elle stationnera sur une pente. Pour autant, il serait encore plus dangereux d'avoir un frein qui soit défaillant par moments ou un frein à main qui freine peu. On l'actionne en croyant que cela suffit et il lâche prise alors qu'on est sorti de la voiture... Si on sait que le frein à main manque, on peut enclencher une vitesse pour bloquer la voiture en stationnement. Si un contrôle est absent, une voie alterne prend la relève. Si le contrôle est présent et fait mal son travail, le système est en danger. Au-delà de notre exemple « mécanique », cela a été reconnu dans la recherche des causes des maladies malignes.

Ensuite, il faut savoir que même si le monde extérieur au système se modifie en permanence, le changement ne met heureusement pas le système complexe en danger à chaque fois. Cela nous invite à tester – quand cela est possible – ce que ces changements sont susceptibles de nous apporter. C'est ainsi qu'avant toute mise sur le marché d'un produit, des perturbations volontairement provoquées par expérimentation permettent d'évaluer les risques et les avantages induits.

Dans de nombreux domaines dont celui de la santé, des expérimentations permettent effectivement de voir les conséquences des modifications provoquées. Pour évaluer les effets possibles en vie réelle, l'échantillon doit avoir une grande taille, inclure des éléments variés et tester toutes sortes de circonstances. Grâce à ces échantillons, les effets inattendus favorables ou défavorables localisés dans les sous-ensembles apparaissent à tous les niveaux. Le résultat global « du mieux et du moins bien » est évalué sur l'ensemble. Chaque incident est décelé et analysé rapidement pour éviter les dommages directs et collatéraux.

Bien sûr, nous n'avons pas toujours la possibilité de tester les effets par expérimentation et chaque système évolue quotidiennement avec plus ou moins d'accidents et de défauts accumulés.

Enfin, « les systèmes complexes hautement performants ont une culture qui traite les erreurs individuelles comme normales et attendues. Ils se doivent d'absorber les erreurs et/ou d'en diminuer les conséquences[7] ». Toute erreur spontanée, inattendue, survenant dans une des parties de l'ensemble est prise en compte dans une boucle rapide, réactive et constructive sans chercher un contrôle par une tierce personne, ou la mise en place de protocoles lourds dictés après une longue période de réflexion.

Les dommages liés aux erreurs diminuent donc avec la rapidité d'action et l'existence de circuits parallèles de rattrapage redondants. L'erreur permet de jauger les capacités d'adaptation, de réaction et la présence de circuits compensateurs. Elle incite à accroître la performance des éléments de l'ensemble dans leur capacité à répondre à tout événement. Elle favorise ainsi l'instauration d'innovations successives, dans la flexibilité face à la variabilité des circonstances, sur un terrain cicatrisant rapidement les plaies. Le système résiste aux perturbations comme les immeubles construits avec des matériaux antisismiques affrontent les tremblements de terre. Chaque élément subit un dommage maîtrisé, chaque élément participe à la solidité de l'ensemble.

Sécuriser, mais pas à n'importe quel prix

Nous venons de voir que, pour aller toujours plus loin dans l'évolution, pour accroître le taux d'innovation, le système met en place des moyens qui solidifient le socle. L'évolution, l'innovation nécessitent en effet de sécuriser l'existant. Pour autant, à un certain point, l'évolution d'un système pour accroître la sécurité est si coûteuse que toute adjonction de règles nouvelles n'a qu'une très faible efficacité et met en péril l'équilibre économique – empêchant de ce fait toute innovation.

Les activités médicales suivent les règles d'évolution de tout cycle socio-économique : époque d'innovation qui comporte des risques mais fait évoluer le système pour plus de succès, époque des performances maîtrisant les risques, puis époque très sûre figeant l'ensemble et au cours de laquelle chaque accident est un événement rare médiatisé. Seule une rupture technologique, c'est-à-dire la mort du modèle existant au profit d'un saut technologique, permet d'aller plus loin, de dépasser la situation figée, mais avec les risques que cela entraîne. Ainsi, la greffe de rein permet une vie plus longue et à moindre coût par rapport à l'hémodialyse (rein artificiel), qui doit être effectuée trois fois par semaine, mais le développement de cette technique a demandé des années d'heurs et malheurs. En est-on à ce point de rupture pour la transfusion sanguine ? La proposition de recherche d'un virus par une technique un peu plus performante que la précédente mais très chère effectuée sur tous les dons de sang avait été évaluée à 3 millions d'euros par vie sauvée. La mise en place de cette mesure a cependant été décidée en France pour des raisons plus politiques que rationnelles. Dans le cycle de vie des technologies, ce moment de coût excessif de l'ajout d'une mesure sécuritaire signe son risque de remplacement par une tout autre méthode plus performante et moins chère. L'espoir d'obtenir des globules artificiels ou dérivés de la culture de cellules souches sera-t-il transformé en réalité prochainement ?

Quel est d'ailleurs le prix d'une vie sauvée ? Il est différent lorsqu'on parle d'accident, de prévention d'un risque ou de traitement d'une maladie, dans une vision collective ou individuelle. Dans les pays industrialisés qui n'ont pas d'assurance maladie obligatoire, le coût du soin retentit sur la vie personnelle. Ainsi, la note des frais médicaux est-elle la première cause de ruine personnelle aux États-Unis[8]. Du point de vue collectif, la disparité est grande : par exemple, l'administration d'un médicament prescrit pour traiter une anémie (l'hémoglobinurie paroxystique nocturne), le Soliris® (laboratoires Alexion), coûte 350 000 euros par an, soit 15 millions d'euros pour le traitement d'un patient pendant quarante ans. Une greffe de moelle coûte 100 000 euros. L'administration de statines, médicaments qui préviennent les accidents cardiaques, ne coûte, dans certains pays (Danemark et Hollande), que 10 euros par an et par personne. Ces chiffres peuvent-ils être comparés entre eux et à d'autres chiffres, comme le coût des vies évalué lors des accidents sur la voie publique? Les indemnités attribuées par les assurances après des accidents d'avion ou de la circulation sont variables suivant les individus et les circonstances, ce qui démontre que la valeur d'une vie n'est pas univoque.

Le niveau de sécurité, reflet du niveau d'erreurs (très peu d'erreurs en cas de haute sécurité), explique les différences de « prix » à payer dans chaque système pour sauver une vie humaine supplémentaire. Une innovation en cours d'élaboration gagne des vies par accroissement de la sécurité pour un coût faible alors qu'après les temps héroïques du début, en milieu très sûr, toute vie sauvée a un coût qui dépasse les possibilités de financement disponibles.

Cette constatation de l'avancée indépendante des systèmes, les uns déjà très sûrs alors que d'autres sont au stade des innovations à haut risque, est en contradiction avec la notion d'utilitarisme qui veut, pour mieux gérer l'argent disponible, mettre tous les systèmes dans un même cadre : l'argent mis là n'est plus disponible pour d'autres finalités et mieux vaut, avec une certaine somme, sauver plus de vies. C'est ce qu'on appelle le « coût d'opportunité ». On compare tous les systèmes de façon équivalente, la base de raisonnement étant le prix à payer pour sauver une vie. C'est oublier que chaque système a sa propre évolution, sa propre adaptation et son propre niveau de progression et donc de risque. Une mise au même niveau utilitaire de tous les systèmes (éducation, santé, communication, transports) peut mettre en danger l'ensemble des systèmes. Tout comme la mise au même niveau utilitaire de tout sous-ensemble (comme les moyens de traitement d'une maladie bien soignée par rapport à ceux pour une maladie nécessitant des essais) peut provoquer un arrêt de toute recherche ou des réactions internes insoutenables.

Les Britanniques optent pour un raisonnement utilitariste dans l'évaluation des médicaments en vue de remboursement par l'assurance maladie. Chaque traitement est comparé aux autres en utilisant le coût de revient par vie sauvée, quelle que soit la maladie considérée. Un médicament contre le cancer qui accroît la survie de quelque mois pèse d'un faible poids dans la balance par rapport à un médicament destiné aux maladies cardiaques ou à un traitement chirurgical radical et définitif. Ce comparateur universel utilitariste est bien différent du raisonnement français, fondé sur l'égalité : tout citoyen a droit à une technologie nouvelle, quel qu'en soit le prix. Ainsi, un patient atteint d'une maladie orpheline bénéficiera d'un traitement très coûteux (même si l'amélioration de son état est minime). Utilitariste ou égalitaire, deux conceptions pour accéder aux technologies… qui se rejoindront probablement, car on ne peut exclure des groupes de malades au nom de l'utilitarisme, ni exclure du raisonnement les limites des dépenses en santé.

Pour résumer, la part économique de la sécurité est un élément supplémentaire dans le raisonnement de la pérennité d'un ensemble. Le système peut se trouver acculé, piégé, bloqué, car, d'une part, il a atteint son degré maximal de sécurité et toute modification aurait un coût prohibitif et, d'autre part, l'introduction d'une petite innovation à ce stade est souvent peu envisageable car sa mise en place pourrait diminuer la sécurité de l'ensemble, ce qui est inadmissible dans nos sociétés. La seule issue possible est la « cassure » par le remplacement de la technologie.

L'ultra-sécurité : difficile à atteindre, impossible à conserver

Les systèmes « ultra-sûrs » sont ceux, comme l'aviation civile ou encore le transport ferroviaire, pour lesquels le taux est de un accident pour un million de soumissions au risque. Ce chiffre est le fruit de plus de cent ans d'expériences et d'améliorations de systèmes compliqués, de machines bien huilées. Les soins, comme nous l'avons vu, ne reposent pas (uniquement) sur des machines bien rodées et leur organisation n'est pas celle d'un système compliqué, mais bien d'un système complexe. Le taux d'événements indésirables graves liés aux soins médicaux est évalué à entre un sur cent et un sur mille actes – plusieurs actes médicaux sont pratiqués sur un patient durant l'hospitalisation. Ainsi près de 7 % des séjours hospitaliers comportent un événement indésirable sévère et 1 % de ces événements indésirables graves sont mortels (enquête ENEIS[9], Enquête nationale des événements indésirables sévères). Ce taux n'avait pas varié lors d'une seconde enquête effectuée cinq ans plus tard. Il est identique dans tous les pays industrialisés depuis plus de dix ans. Rappelez-vous la question qui taraudait mes pairs au début de cet ouvrage : la réduction de ce taux d'événements indésirables a-t-elle une limite ? Le fait lui-même rend actuellement perplexes les plus grands experts. Les ténors internationaux de la sécurité en matière médicale ont d'ailleurs publié ensemble un article qui relate cette position : « Bien que les efforts pour accroître la sécurité des soins aient proliféré depuis une décennie, les avancées vers une amélioration ont, de façon frustrante, été très lentes »[10].

Cette limite est-elle due au flux permanent des innovations, chaque acte sécurisé étant contrebalancé par l'arrivée de nouveautés moins sûres, et la moyenne restant stable ? En médecine, en effet, il est courant qu'une innovation (un médicament, un test biologique, une intervention chirurgicale) soit remplacée par une autre dans un temps court ; de ce fait, les soins se situent en permanence dans la zone de risques. Un risque est réduit (comme le taux des infections nosocomiales) et un autre augmente (comme les défauts dans le circuit du médicament depuis la prescription jusqu'à la prise du produit) et la résultante est inchangée.

Chaque innovation fait intervenir des facteurs humains d'apprentissage, d'expérience, de réactions adéquates, de « rodage ». Plus la demande d'évolution rapide est forte, parce qu'il n'existe pas de traitement efficace, plus le système doit incorporer des innovations, plus on accepte un risque élevé. Cela expliquerait-il les différences de risque suivant les secteurs ?

Et pourtant, les systèmes compliqués ultra-sûrs sont eux aussi confrontés au problème de la limite. Ainsi l'aviation civile stagne-t-elle depuis vingt ans au taux d'un accident par million de décollages. À quoi est-ce dû ?

Le casse-tête des signaux faibles

Un ensemble très sûr est certes caractérisé par la rareté des événements graves, parce que des erreurs successives antérieures ont permis de faire des réparations et d'atteindre une sécurité à la limite du possible. Pour autant, un accident remet aussitôt en question la réputation d'ultra-sécurité du secteur. L'événement inattendu était-il prévisible ? Quels dysfonctionnements ou quelles réactions humaines inadaptées dues à des informations trompeuses ont provoqué l'accident ?

L'étude de chaque événement permet de retrouver les signaux faibles, porteurs d'une petite part du risque ; ceux-ci ont été mis dans une situation très particulière et, additionnés, ont suivi un circuit peu prévisible qui a provoqué l'accident. Pouvait-on prévoir cette conjonction ? Le répertoire de ces signaux faibles peut-il permettre d'imaginer d'autres combinaisons dangereuses ?

Dans certains secteurs comme l'aéronautique, les signaux faibles n'existent même plus du fait des réparations mises en place chaque fois qu'une erreur a été reconnue, ou ils ont des conséquences tellement minimes qu'on ne sait plus lesquels enregistrer. Voilà la difficulté de l'extrême sécurité, le dilemme auquel sont confrontés les experts des systèmes très sûrs. Seul l'accident inattendu et imprévisible, objet de toutes les manchettes des journaux, révèle une combinaison néfaste alliant machine, facteurs humains, environnement et circuits d'information. Cela explique la limite (absolue ?) de un pour un million (10^{-6}) de la sécurité des systèmes compliqués ou des sous-ensembles clos des systèmes complexes, alors que les machines, prises isolément, atteignent une sécurité de un pour un milliard. L'erreur révèle des dysfonctionnements, même de faible dangerosité, des conjonctions de chaînons fragiles, ce qui permet de les réparer et de diminuer la fréquence des accidents, sans pouvoir les éliminer…

De façon étonnante, il existe donc une limite apparemment infranchissable qui pose la question de notre approche de la sécurité, comme nous le verrons plus loin. L'accroissement de la sécurité du matériel, comme, d'ailleurs, celui de la sécurité, par l'emploi de protocoles et de check-lists pour les actes humains, ne permet pas d'atteindre un risque zéro…

En conclusion, trois paradoxes

Premier paradoxe : dans les conditions extrêmes de sécurité, le système adaptatif ne s'adapte plus. Pour arriver à une très haute sécurité, le système isole des secteurs (système clos avec peu d'interfaces) qui passent d'un état complexe à un état compliqué. En santé, par exemple, il existe des domaines très sûrs – la transfusion sanguine, l'anesthésie et la radiothérapie se trouvent dans la même fourchette d'estimation que les secteurs ultra-sûrs de notre société. Les conditions pour ce résultat ont obligé à supprimer la dispersion, la variabilité en homogénéisant et en normalisant les circuits et les éléments. Pour cela, il a fallu du temps, près de cent ans, comme dans l'aéronautique ou le chemin de fer, et cantonner ces procédures dans des secteurs limitant les interactions et interfaces avec d'autres secteurs, transformant la « structure dissipative » (une expression d'Ilya Prigogine, un des pionniers de la recherche sur la complexité) en une structure relativement fermée qui perd sa complexité. Ces secteurs ne sont alors plus évolutifs, et donc plus adaptatifs. Progressivement, le système lui-même ne s'adapte plus, refusant les innovations dangereuses. Or, paradoxalement, les innovations incrémentales ne peuvent et ne doivent se construire que sur un socle toujours plus sûr.

Deuxième paradoxe : plus on accroît la sécurité, moins on dispose d'informations pour la gérer. Les signaux qui informent et alertent pour mettre en place la sécurité disparaissent. Pour gérer au mieux la sécurité d'un ensemble, tout est fait pour supprimer les erreurs. Alors que la variation du système et les erreurs qui en découlent sont source d'informations. Ce paradoxe, appelé « paradoxe de régulation », est évident dans des systèmes qui s'approchent de la très haute sécurité.

Troisième paradoxe : plus le système est complexe, plus l'erreur est essentielle pour réparer le système, plus elle est compensée et donc cachée. C'est ce que l'on appelle le « paradoxe de visibilité ». En effet, comme nous l'avons dit, à un certain niveau de complexité, l'erreur est souvent compensée par d'autres circuits ou d'autres acteurs qui diminuent le risque d'incident. Cela explique la persistance de défauts cachés dans les systèmes complexes. Il est vrai que cette stratégie de compensation peut être utile, servir d'« amortisseur naturel » pour le système qui s'émancipe ainsi des contraintes trop fortes et du fardeau des incidents et accidents pour évoluer dans un environnement changeant.

La diversité des éléments contrecarre la probabilité de voir disparaître certains sous-ensembles lorsqu'ils sont soumis à des attaques successives. Certains individus résistent et formeront le nouveau rameau. La diversité est un capital pour la survie de l'espèce, mais aussi pour celle de tout système complexe adaptatif.

L'homogénéité, les règles rigides figeant le système, la stabilité, l'uniformité, la distribution des rôles (à chacun sa mission et pas deux pour la même action), la fermeture des frontières sont des comportements utiles en période de combat, mais sont les prémices de la mort d'un système qui doit s'adapter avec son voisinage pour survivre. L'unité fait la force en économisant les énergies et en supprimant les désordres, la diversité garantit la survie en répondant au milieu changeant. Lorsque l'environnement se modifie, le système peut, s'il est homogène et fixé, se casser par sa rigidité, tandis qu'il échappe à l'adversité par la souplesse de la diversité : la fable du chêne et du roseau s'applique bien aux systèmes complexes adaptatifs.

La diversité est une parade à la destruction par un environnement hostile changeant. En revanche, l'unité optimise les forces contre un ennemi défini. Le temps de l'un n'est pas le temps de l'autre.

L'ERREUR, SOURCE DE BIENFAITS

L'erreur qui survient lors de l'évolution n'est pas seulement la compagne de l'adaptation, elle est aussi à l'origine de transformations par découvertes et innovations successives. Elle est le reflet de notre avancée à tâtons. Elle joue avec le futur, alors qu'on a les yeux rivés sur le passé, elle nous oblige à écarquiller les paupières devant la *terra incognita*. Dans la mesure où l'erreur nous projette dans le futur, et nous incite à explorer les sauts inattendus, oui, l'erreur est humaine si, par là, on entend que l'exploitation de l'erreur est humaine…

L'erreur, outil de la connaissance…

Les navigateurs de XVIe siècle croyaient atteindre les Indes en partant vers l'ouest… et ont découvert l'Amérique !

Dans un tout autre registre, la description des erreurs, en l'occurrence des maladies, ouvre la voie à la découverte de l'état normal, la physiologie. Les gènes sont connus grâce aux maladies génétiques… jusqu'au jour où on comprend le mécanisme de fonctionnement lui-même. Et la manipulation visant à réparer se construit alors à partir de la compréhension des mécanismes normaux et défectueux. Le cycle « description-compréhension-réparation » est celui que s'efforcent de parcourir tous les chercheurs en sciences biomédicales.

Des médicaments qui remplacent la molécule défectueuse (insuline ou hormone thyroïdienne par exemple) sont le résultat des connaissances acquises grâce aux erreurs de la nature. Un pas de plus est les traitements inhibant ou stimulant une réaction chimique tels que l'inhibition d'une hormone, la stimulation de la croissance des globules blancs ou celle des globules rouges (la fameuse EPO ou érythropoïétine). L'exemple le plus souvent cité est le traitement d'un type de leucémie chronique (la leucémie myéloïde chronique) par un médicament arrêtant la prolifération des cellules malignes provoquant l'extinction de l'étincelle de démarrage de la multiplication des cellules (médicament Gleevec®).

Bien sûr, tout n'est pas « manipulable » : la compréhension des mécanismes responsables des plaques tectoniques et des tsunamis n'a pas pour autant permis d'éviter des catastrophes…

La connaissance de la Nature se fait donc le plus souvent à travers ses défauts. Dans les systèmes complexes adaptatifs aussi, l'erreur est un moyen d'explorer leur fonctionnement par l'étude des défaillances. Les essais naturels ou spontanés sont considérés comme des erreurs. Ils ont l'intérêt de nous ouvrir la voie de l'exploration du système. La manipulation ne peut pas se faire *a priori* ou *ex ante* (l'expression dépend du langage, scientifique ou administratif, employé) mais *a posteriori* ou *ex post*. C'est la démarche de la recherche scientifique. Pour tout système compliqué – qu'il s'agisse d'une machine, d'un atelier d'usine ou de l'implantation d'une usine –, la manipulation (ou le changement d'un élément par un autre) a des conséquences prévisibles (*a priori*). À l'inverse, dans le cas d'un système complexe, seule l'expérimentation fait découvrir les conséquences (*a posteriori*).

Nous avons déjà évoqué l'intérêt de l'expérimentation dans un système complexe. Il s'agissait alors d'accroître la sécurité avant de se lancer dans un changement d'organisation : le but était qu'aucun effet néfaste n'apparaisse et il était dans ce cas nécessaire de pouvoir tester une population d'éléments hétérogènes de grande taille (reflétant la population générale). Dans ce cas-là – la quête d'une découverte –, tout doit être contrôlé et identique, sauf un caractère, afin de mieux cerner la cause d'un effet. Il s'agit de provoquer une interférence, une erreur dans l'organisation du système pour examiner la réaction et en déduire la marche normale d'un circuit dans un contexte donné.

Ainsi, l'expérience, qu'elle soit due à l'erreur naturelle ou à la manipulation artificielle, est l'outil de la connaissance et donc des découvertes.

… et l'erreur, moteur de l'innovation

L'innovation introduit un nouveau produit ou une méthode nouvelle qui apportent un progrès dans la vie. On peut imaginer la surprise du berger qui affinait un fromage et y a vu une couleur verte de moisissure. Il a goûté ce fromage qui aurait dû être jeté : le roquefort est né ce jour-là. Le même étonnement a, en 1928, frappé Alexander Fleming qui avait oublié ses cultures dans des boîtes de Petri (boîtes utilisées pour cultiver les bactéries) et a vu, à son retour de vacances, qu'une moisissure – un champignon – y repoussait au loin les colonies de bactéries. Il n'a pas jeté la boîte contaminée. Il a compris que le pénicillium, ce champignon, tuait les bactéries. Ainsi ont été reconnus les antibiotiques.

La liste serait longue de ces innovations « par erreur » (dans un registre plus futile, on peut notamment citer la tarte Tatin et le Post-it). Si, à chaque fois, l'origine de la découverte est une erreur, l'intelligence a été de comprendre le côté bénéfique du résultat et de ne pas exclure ce qui n'était pas attendu. Nous avons tous connu des situations dans lesquelles des défauts se sont révélés bénéfiques.

Je prendrai un exemple personnel : une femme atteinte d'une leucémie aiguë résistant à tout traitement, donc en phase très active de sa maladie, ayant en plus une infection généralisée par un champignon, était mourante. Un retour chez elle auprès des siens avait été décidé et organisé. Elle habitait la Bretagne et ses enfants vivaient dans différentes régions de France. Afin de tenter qu'ils la voient encore vivante, j'avais prescrit le médicament antileucémique Ara-C® à de très petites doses – vingt fois moins que les doses habituelles – pour éviter toute toxicité, mais en escomptant un effet très transitoire sur la leucémie. L'esprit était de donner un traitement qui l'aiderait à vivre quelques heures sans entraîner d'effets délétères. J'avais écrit à son médecin traitant un mot expliquant cette attitude plus humaine que médicale et proposant de pratiquer une injection sous-cutanée matin et soir dans l'attente de la réunion familiale. Quelle ne fut pas ma surprise lorsque, trois mois plus tard, j'ai vu cette femme venir à ma consultation, allant très bien ! Les examens sanguins étaient normaux et elle n'avait plus aucun signe de leucémie. Son médecin traitant m'a expliqué dans sa lettre avoir, jour après jour, suivi ma prescription, ce qui n'avait pas été simple, je voulais bien le croire. Mais son état s'était progressivement amélioré et après trois mois tout était revenu à la normale. Ce traitement différait radicalement des propositions de chimiothérapies à fortes doses, et a ouvert une voie nouvelle pour les traitements des maladies malignes, non par destruction brutale des cellules cancéreuses, mais par un retour progressif à la normalité des cellules malignes. Une vraie révolution antidogmatique : la cellule cancéreuse a la capacité de reprendre une vie normale, elle peut être « rééduquée ». D'autres leucémies sont actuellement traitées et guéries par ce type de médicament « réparateur »

Unc fois le côté bénéfique de l'erreur reconnu, le succès est transposable, il diffuse dans les différentes aires du système.

Pour résumer, l'erreur nous conduit vers des découvertes et innovations, lesquelles sont à l'origine du progrès. Il faut cependant être conscient qu'à chaque saut technologique, le monde devient plus complexe et donc moins sûr ; le produit lui-même présente des dangers qui obligent à émettre des règles pratiques ou éthiques. L'usage d'une innovation pour détruire ou faire du mal est toujours possible, du feu jusqu'à l'atome ! Dès qu'une technique nouvelle touche à la vie ou à l'équilibre de la vie, se pose la question des limites à ne pas dépasser. L'histoire des greffes, qui a modifié la définition de la mort (laquelle est devenue cérébrale et non plus cardiaque), les conflits sur l'emploi des OGM (dont l'usage est permis pour fabriquer des médicaments injectés à de nombreux patients), les pratiques sur l'embryon (pour compenser la stérilité, développer la recherche sur les maladies… ou être tenté d'effectuer un clonage humain), le respect de la fin de vie ou l'euthanasie active et le suicide assisté et bientôt les actions de transhumanisme (visant à modifier l'homme pour qu'il devienne un surhomme) sont autant de sujets à controverses. Le progrès est accouplé à l'éthique. L'arbre de la vie n'est pas loin de l'arbre de la connaissance du bien et du mal de la Bible. Nous aurons l'occasion d'en reparler à la fin de cet ouvrage.

Esprit de génie et esprit de découverte

Pour reprendre la distinction précédemment discutée, ces deux esprits expriment la différence entre un ensemble compliqué et maîtrisé et un ensemble complexe qui évolue.

Le monde du « génie » est celui des systèmes compliqués. La construction d'un barrage, du pont de Millau, la construction d'un avion, la construction de la Tour Eiffel sont des exemples de réalisations humaines dont on prévoit la durée, le coût et les moyens nécessaires. La sécurité est aussi calculée ; elle doit approcher les limites de l'ultra-sûr. Aucun degré de liberté n'est permis, l'acte est normé, une mauvaise connaissance des règles pouvant être criminelle.

Inversement, le monde de la « découverte » s'apparente à celui des systèmes complexes ou, tout au moins, explore ce champ de la complexité. Le temps, l'argent et les moyens à utiliser sont imprévisibles. La découverte est souvent liée à l'erreur. Les premières expériences, comme les greffes d'organes, souvent dénommées « expérimentations », comportent des risques. Les recherches médicales explorent les risques (inconnus) et les bénéfices escomptés. Aucun progrès thérapeutique ne peut se faire sans risque.

L'esprit de génie s'oppose donc à l'esprit de découverte. L'esprit de génie vise à maîtriser totalement une situation au cours de laquelle l'imprévu est source de catastrophe. L'inattendu est insupportable dans la manœuvre d'une machine bien huilée. Le fil électrique ne doit pas se rompre, ni la maison s'effondrer. L'intervention chirurgicale « standard » cherche à entrer dans cette catégorie. Avant d'intervenir, le chirurgien s'entoure de toutes les précautions qui sont maintenant disponibles, notamment par des moyens d'imagerie. Ainsi l'acte chirurgical peut-il être réalisé de plus en plus souvent « en ambulatoire » (80 % de toute chirurgie aux États-Unis), ce qui signifie que les complications sont prévenues et la douleur maîtrisée[11]. Les essais thérapeutiques pour mieux connaître les qualités d'un médicament cherchent à évaluer le rapport entre le bénéfice et le risque avant la mise sur le marché.

Inversement, l'esprit de découverte est libre et tout nouvel espace de liberté donné par un concept nouveau (comme la découverte des antibiotiques) ou par un nouvel outil (comme le microscope) est source de création et d'innovation. L'erreur fournit parfois cet espace.

Le découvreur n'a pas de limite de temps et il ne sait pas quand il trouvera, ni même ne connaît l'objet exact de sa découverte. Mais il est en éveil devant l'inattendu et prêt à sortir des sentiers battus. Car l'esprit de découverte pousse à oser toujours plus, à être au bord du « politiquement correct » – du « correct pour l'évaluateur du projet » – et favorise l'émergence d'erreurs ou incite à effectuer des expériences inédites.

La découverte arrive sans prévenir et on ne connaît ni le moment de son apparition, ni son coût, ni ses conséquences. Plus le résultat est inattendu, plus le chercheur a des chances de se trouver face à une grande découverte. La recherche ne peut être programmée. Le plus souvent, un protocole expérimental met en place différents ingrédients dans le but d'atteindre un résultat. Parfois, le résultat n'est pas celui qui était escompté ! L'inattendu lors d'une expérience scientifique fait découvrir un nouveau paradigme, une nouvelle loi de la Nature, un nouveau champ inexploré. Ce moment est unique. Si on regarde la liste des Prix Nobel en médecine et physiologie ou en physique, leurs mérites sont d'avoir reconnu la découverte dans l'événement inattendu, dans l'« erreur » qu'ils ont su décrypter.

En juillet 1902, après avoir accompli ses obligations ménagères, Marie Curie, retourne au hangar qui lui sert de laboratoire et remarque qu'un tube à essais émet une lumière bleutée, invisible en plein jour. La chercheuse ne s'arrête pas à cette constatation étrange. Elle démontre que cette activité lumineuse provient de la substance qu'elle a purifiée, le chlorure de radium. Et qu'il ne s'agit pas d'une réaction chimique, mais bien d'une propriété des éléments contenus dans le tube. Son mari Pierre note qu'après un contact prolongé, cette activité brûle la peau. La substance émet donc des rayonnements actifs. Ainsi est découverte la radioactivité, phénomène jusqu'alors inconnu.

MOMENTUM DE LA PREMIÈRE PARTIE

Le momentum est à la fois le temps pour faire le bilan de l'étape et l'élan pris pour l'étape suivante.

Un système évolutif survit au bord du chaos, en déséquilibre permanent entre l'état inerte et le chaos. Le monde vivant est la démonstration de l'obligation de déséquilibres pour préserver la vie.

L'erreur est, pour tout système complexe évoluant dans un environnement changeant, indispensable pour la préservation du système : elle découle des nombreuses interfaces en interne et avec l'environnement, créant des circuits nouveaux. Elle génère des améliorations qui permettent l'évolution, mais aussi des accidents qui mettent l'ensemble en péril.

D'un côté, l'erreur alourdit le fardeau par les défauts qu'elle engendre ; de l'autre, elle fait évoluer le système par les moyens d'adaptation qu'elle lui apporte. Il s'agit alors de gérer le fardeau et de minimiser les risques connus et attendus. Mais si on accroît la sécurité à un niveau très élevé, le système se fige, il devient inerte et inapte à répondre aux grands changements. Le coût de la sécurité additionnelle à un haut niveau de sécurité est en outre insupportable pour le système. Il existe donc une balance entre la flexibilité engendrée par l'erreur, moteur de vie, et la stabilité normée qui prête le flanc à la flèche mortelle d'un changement de l'environnement.

Alors, comment garder l'erreur pour évoluer tout en évitant les dommages ?

Deuxième partie : Éviter les accidents dus aux erreurs

Dans le contexte de l'évolution, de la vie,
du progrès, notre rôle est d'alléger le « fardeau » induit.
Nous devons alors nous efforcer tout à la fois de diminuer
la reproduction d'erreurs par la recherche, a posteriori,
des causes, et de contrecarrer l'apparition d'accidents
par une attitude d'anticipation.

Pour que cela ne se reproduise plus

L'innovation se construit sur un socle qui se solidifie progressivement. Notre temps connaît une accélération de la vitesse d'apparition des ruptures technologiques, telles que la maîtrise de nouvelles énergies, les moyens de communication rapide sur terre et dans les airs, l'exploration de l'espace, l'information sans limite, l'allongement de l'espérance de vie par la conjonction de facteurs variés et bien d'autres, intriquées entre elles. Chaque événement grave remet en question l'innovation, si les dysfonctionnements ne sont pas maîtrisés ou compensés et le raz de marée du Japon en est un exemple récent pour l'énergie atomique.

Nous cherchons tous à éviter que l'événement indésirable ne se reproduise. Or, face à un événement inattendu, deux attitudes sont possibles selon que l'on se place du côté de la sanction ou que l'on se concentre sur la réparation du système défaillant : d'un côté, on se focalise sur les notions de responsabilité-culpabilité ; de l'autre, on recherche les causes de la défaillance. La première démarche fait appel à la dialectique, la seconde à la logique. Nous allons voir que ce n'est pas du tout la même chose…

Responsable-coupable

Le moyen le plus évident « pour que cela ne se renouvelle pas » est de mettre le coupable hors d'état de nuire à nouveau. La sanction a un double effet : le coupable (en principe et lorsqu'il le peut) répare le dommage et la société cherche à empêcher que lui ou un autre ne renouvellent le même méfait. La réparation des conséquences et l'action sur l'auteur (ou ses semblables) sont les deux raisons de la punition.

Dans le cas de la faute, effectuée avec l'intention de nuire, surtout si elle se répète (car il est dans son essence que l'acte se renouvelle), celle-ci comporte une cause évidente et un coupable désigné. Le meurtre de la centaine de jeunes lors d'une réunion en plein air d'un parti politique en Norvège ou celui des adolescents regardant un film de la série *Batman* aux États-Unis ont fait rechercher et emprisonner immédiatement les coupables.

Mais considérons une situation maintenant fréquente. Un accident imprévisible survient dans une institution complexe. La première réaction est de trouver un coupable ou un responsable. « Il » doit être jugé et payer pour les conséquences de cette catastrophe. Mais qui est « il » ? Le coupable n'est-il pas le système lui-même, avec ses dysfonctionnements enchevêtrés ? Face à un événement grave dont il a été plus témoin qu'acteur volontaire, l'« auteur » de l'événement ne pensera jamais à répéter son geste puisqu'il ne l'a pas voulu et qu'il est meurtri des conséquences néfastes de ce geste.

Comment cet événement est-il survenu alors qu'il allait à l'encontre de la volonté de l'acteur ? « Tout médecin a son cimetière secret », disait autrefois un grand patron d'anesthésie face au désarroi d'un de ses collaborateurs après la survenue inattendue d'un événement mortel alors qu'il avait cru avoir tout fait pour le mieux. Cette phrase exprimait de façon lapidaire la « fatalité » de l'événement indésirable malgré la volonté de bien faire.

Pourtant, tous les jours, des personnes sont jugées « responsables » d'événements survenus par erreur du système et sont condamnées, alors qu'elles ont agi sans volonté de nuire, sans avoir même conscience des risques, puisque ceux-ci étaient inconnus.

La tentation du bouc émissaire

La recherche d'un coupable tient à la fois de la quête d'un bouc émissaire qu'on écarte de façon expiatoire (comme le renvoi dans le désert d'un bélier tiré au sort, rite religieux cité dans le Lévitique (Lév. 16) des Anciens d'Israël) ou de la vengeance punissant à l'aveugle celui qui, malencontreusement, se trouvait là lorsque l'accident s'est produit. Pour les témoins de l'accident, « le passager passant par là » est le « responsable » de l'événement. La victime ayant subi des dommages et la justice qui met cette personne en examen ont souvent la même impression.

La recherche d'un coupable que l'on doit sanctionner devient donc un rite, car il faut un coupable devant l'opinion publique : un non-lieu est considéré comme un scandale. L'absence de « coupable », de bouc émissaire, alors que les victimes sont nombreuses, s'accompagne d'une révolte des familles des victimes, des avocats et des médias. La *vox populi* demande que des personnes soient jugées par un tribunal pénal et se retrouvent derrière les barreaux. La mise au pilori est toujours d'actualité. Le verdict, en juillet 2011, de l'accident par surdosage d'irradiation en radiothérapie à l'hôpital de Rangueil de Toulouse, envisageant de considérer une absence de « coupable » et donc de poursuites pénales, a été très mal compris des victimes et de leurs familles bien qu'elles aient été très justement indemnisées, comme elles l'ont dit sur les ondes. On peut citer encore la réaction violente des familles des victimes après le jugement de la très triste contamination de l'hormone de croissance par des prions où l'on n'a pas identifié de « coupables ». Pourquoi cet acharnement contre une personne physique dans une société évoluée qui devrait être capable de faire la part de choses ? Un jugement pénal met en présence un prévenu face à ceux qui ont subi un dommage et son absence crée un manque dans le processus de réhabilitation : une réaction naturelle, plus instinctive que dictée par un raisonnement de justice. Il est d'un autre ordre de faire son deuil – chacun construisant sa propre histoire et son cheminement subjectif – que de faire en sorte que cela ne se renouvelle pas grâce à la recherche objective des raisons de l'accident, qui sont souvent multiples et intriquées.

Porter le fardeau, supporter la souffrance

Ces deux objectifs – recherche des causes et accompagnement du deuil – sont cependant liés. Les victimes sont le reflet du fardeau porté par le système complexe, évoqué dans la première partie de cet ouvrage, et souffrent dans leur chair et leur esprit.

Rappelez-vous : la vie est dans le déséquilibre. Le fardeau participe de la vie et ceux qui le portent méritent notre reconnaissance. Car ce fardeau, trait d'union entre le souffrant, le vulnérable, et les autres (nous avons tous d'ailleurs des vulnérabilités), contribue, par la souffrance qu'il révèle, à l'évolution du monde vivant, certes, mais aussi au progrès de l'humanité.

La vulnérabilité donne sens en effet, en changeant notre regard sur l'autre, notre relation à lui et notre respect vis-à-vis de lui. L'humain se révèle dans l'humanité face à la souffrance. L'humanité progresse par l'expérience de la fragilité et régresse en éliminant le faible, comme l'ont montré les malheureuses dérives politiques du siècle dernier. Il ne s'agit ni de pitié, ni de rejet, mais de relation humaine forte et réelle.

Au début de son hospitalisation pour un traitement long et éprouvant, j'avais coutume de dire au cours de mon entretien avec un patient atteint de maladie maligne, que je lui apporterais tout mon savoir pour l'aider à guérir et à minimiser sa douleur et que j'attendais de lui qu'il m'apporte toute la connaissance qu'il aurait acquise sur les valeurs humaines durant cette épreuve à l'écart du monde. Le dépouillement, le patient n'ayant qu'un pyjama pour seul vêtement, l'isolement en chambre stérile pendant plusieurs semaines, communiquant avec les proches en blouse, chapeautés, masqués, gantés, lointains, lui apportent une force dans la faiblesse. La souffrance et l'épreuve l'obligent à s'élever au dessus des préoccupations et jouissances futiles, à avoir un regard décentrant les activités quotidiennes vers plus d'humanité. Je cherchais à connaître ce trésor que mes patients engrangeaient dans un cheminement admirable au travers de la fragilité. Ces patients me faisaient découvrir les valeurs fondamentales de l'humain, basées sur la relation généreuse avec autrui. Nous avions besoin les uns des l'autres, chacun dans son registre en lien avec sa position respective.

De ce point de vue, la « réparation humaine » des victimes fait partie de la réparation du système. Bien sûr, la personne est un sujet dont on doit soigner les plaies ; et le système un objet dont on doit réparer les défauts et rétablir les circuits. Nous allons donc successivement considérer le point de vue des victimes, à qui l'on doit compassion et réparation (mais qui sont les victimes ?), et celui des meneurs de l'enquête attachés à détecter les causes et à réparer le système défaillant.

La réparation envers la personne

Face au dommage dû à un défaut du système, il est essentiel pour la victime et sa famille d'être aidées à faire le deuil d'un membre amputé, de la mort d'un proche, par exemple, en associant deux attitudes : la compassion et l'indemnisation.

La compassion

La relation humaine après un accident est empathique. L'annonce d'une mauvaise nouvelle est un moment difficile et délicat. Nous en avons tous fait l'expérience lorsqu'on doit annoncer un deuil, un échec à un examen, une blessure grave après un accident de voiture à une personne qui est personnellement affectée ou impliquée. L'annonce d'un diagnostic engageant la vie du malade par la chronicité du mal ou par le risque de mort proche est à chaque fois une épreuve. Le faire progressivement en plusieurs étapes ou tout d'un coup, attendre le moment propice ou être dans l'obligation de ne pas retarder l'explication du fait de l'urgence du traitement, commencer par la famille ou parler directement au malade… autant de possibilités selon le contexte. L'attitude choisie dépend de l'expérience, du jugement de la situation, de la confiance instaurée. Un moment encore plus délicat est celui de l'annonce, avec humanité et compassion, de la rechute d'une maladie grave, amenant à envisager la fin de la vie.

L'annonce de la survenue d'un événement indésirable sévère est bien plus difficile encore, et contre nature. Le traitement qui aurait dû être bien appliqué ne l'a pas été, et les conséquences sont graves ; le médicament a été donné à doses trop fortes au lieu de la dose prescrite ; l'opération chirurgicale a été compliquée d'une infection par un microbe résistant aux antibiotiques, et bien d'autres situations inattendues et révoltantes pour la victime ou sa famille.

Suivant la loi française, depuis mars 2002, celui qui a fait le geste au moment de l'événement indésirable doit annoncer lui-même les faits dans les quinze jours après l'accident. La transparence est indispensable. La victime veut tout savoir et cette demande est justifiée, certes pour faire son deuil, mais aussi pour participer à la mise en place de moyens qui empêcheront que cela ne se reproduise.

En France, un événement indésirable considéré comme sévère survient dans près de 10 % des hospitalisations, mais peu sont mortels ou à l'origine d'un grand handicap. Cependant, d'après l'enquête ENEIS déjà citée, près de la moitié de ces événements pourraient être évités.

Et pourtant, nombreuses sont les vérifications qu'on dénomme « barrières », aux moments stratégiques et dangereux. La personne qui subit un dommage est en effet victime du système et de sa complexité. Pour contrecarrer les risques, des protocoles et normes (check-lists, procédures) sont exigés ou recommandés, comme des barrières. On compare chacune de ces barrières à une tranche de gruyère. La flèche peut passer de l'une à l'autre par les trous du « fromage » et aboutir à l'accident. Plus les trous sont nombreux, plus le risque est grand. Plus les vérifications sont prises à la légère, plus les accidents sont fréquents. Par exemple, si chaque étape est effectuée avec une sécurité de 95 % et que l'action nécessite vingt-cinq actes, ce qui est courant, un défaut surviendra dans les trois quarts des cas !

Prenons l'exemple d'une erreur grave et évitable comme l'erreur de côté (amputation du membre sain au lieu du membre malade) ou de site (opération sur un autre organe que celui qui était prévu). Aux États-Unis, malgré les mesures successives prises par les autorités régulatrices, le nombre de déclarations de telles erreurs répertoriées n'a fait qu'augmenter de 1995 à 2007, au fur et à mesure que des précautions nouvelles étaient prises : cela paraît incompréhensible ! En dépit de toutes les vérifications et de tous les protocoles, cet événement reste encore possible (867 cas répertoriés en 2007 aux États-Unis selon Jerod Loeb, de la Joint Commission). La radiographie affichée à l'envers en salle d'opération, le nettoyage et le rasage de la peau du mauvais côté, la question visant à vérifier, avec le malade, le site atteint avant de l'endormir mal comprise ou mal perçue, etc., autant de possibilités d'erreur, bien que les précautions aient été prises (marquage sur la peau, check-list, question auprès du patient, radiographie affichée dans la salle d'opération). Les différentes vérifications croisées et répétées auraient dû permettre de reconnaître celle qui était erronée, mais malgré elles, les « barrières » n'ont pas tenu.

L'indemnisation de la victime

Toute victime doit recevoir réparation (indemnisation) dans un esprit d'égalité.

En cas de faute, il est relativement facile à la justice de reconnaître le coupable, d'évaluer la peine et de fixer le montant de l'indemnisation de la victime. Un coupable est reconnu, un responsable est dénommé, l'indemnisation est possible dans l'esprit de chacun. Plus le responsable-coupable est solvable, plus l'indemnisation est importante.

L'histoire des prothèses mammaires PIP est un bon exemple de cette recherche du « coupable capable d'indemniser ». L'industriel n'est pas solvable et son contrat d'assurance comporte une limite supérieure d'indemnisation. Les victimes cherchent alors la responsabilité des instances qui ont donné l'approbation du marquage CE (seule exigence pour les dispositifs médicaux de mise sur le marché) pour trouver un coupable solvable.

Autre exemple, après le naufrage du paquebot *Costa* en février 2012, certaines victimes survivantes n'acceptent pas l'indemnisation, espérant une meilleure valorisation par un procès, soutenues en cela par les avocats. La somme de l'indemnisation est-elle à la hauteur des espérances de la victime, de sa famille ou des avocats attirés par l'appât du gain ? Probablement non car chacun espère toujours plus. Aux États-Unis, l'indemnisation dépend de la solvabilité du coupable. C'est ce qu'ils appellent le « dommage punitif » : l'indemnisation est à la hauteur de ce qui fait mal au « coupable ». Le procès, de ce fait, mêle recherche de culpabilité, recherche de causes et indemnisation. En France, nous fonctionnons avec l'amende punitive, qui est relative aux moyens financiers, sans interférer avec l'indemnisation.

La justice éprouve plus de difficultés face à l'erreur involontaire. La population, elle aussi, est partagée quant à la demande de punition d'un « responsable » – peut-on être responsable d'un système complexe défaillant ? – et quant au fait que l'indemnisation de la victime soit liée au résultat du jugement du « coupable ». Aussi la justice émet-elle parfois son avis avec des circonstances atténuantes, comprenant bien qu'il existe d'autres causes intriquées. Pour autant, elle garde l'idée que tout dommage doit avoir un responsable qui, de ce fait, est coupable et cela permet l'indemnisation… Le jugement a certes la vertu de pointer l'exemplarité de l'événement – dans l'espoir que des précautions seront prises par les responsables des structures similaires –, mais que veut dire « pré-caution » si on ne connaît pas les causes ? Et le lien entre indemnisation des victimes et désignation d'un coupable est-il solide ? En outre, pourquoi indemniser une victime d'un dommage parce qu'on a reconnu un coupable et ne pas indemniser la victime d'un dommage similaire pour lequel il n'y aurait pas de coupable désigné ? Toutes les victimes doivent recevoir même compassion et même compensation. C'est dans cet esprit que la notion d'aléa thérapeutique de la loi Kouchner de mars 2002 a été promulguée.

À travers cette loi, la société a voulu distinguer l'erreur involontaire due au hasard de la faute qui est poursuivie par le tribunal. L'aléa n'est pas une faute, mais un événement imprévisible survenu sans qu'il y ait eu intention de faire du mal. « Aléatoire » est un mot employé par les statisticiens pour définir l'intervention du hasard : ils ont même trouvé des formules pour calculer la probabilité d'obtention du même résultat en répétant le jet de dés. On cite souvent l'expression *Alea jacta est* des Romains pour dire qu'on subit la décision du hasard une fois les dés jetés. Le hasard est la somme d'innombrables déterminants qui s'entremêlent.

L'indemnisation de l'aléa thérapeutique – ou le *no fault compensation* des Anglo-Saxons –, c'est-à-dire l'indemnisation de l'événement inattendu et involontaire survenu lors d'un soin qui est responsable de séquelles, est une situation prise en charge dans notre pays par les CRCI (Commissions régionales de conciliation et d'indemnisation) et par l'ONIAM (Office national d'indemnisation des accidents médicaux) ; cela n'est pas fait partout dans le monde, loin de là.

Cette indemnisation n'apporte de soutien que si elle est proche dans le temps de l'accident. Attendre des mois ou des années pour recevoir une reconnaissance après nombre de procès et discours d'avocats tient plus de la réhabilitation que de la compensation ou de la compassion. La loi Kouchner met en œuvre la conciliation et l'indemnisation aussitôt après l'accident, mais les appels et les recours retardent l'issue finale.

Depuis peu de temps, certaines sociétés commerciales, comme la société Total à la suite de l'accident AZF à Toulouse, indemnisent aussitôt après l'accident afin de répondre immédiatement aux malheurs des victimes. Cette attitude évite de mêler la récrimination pour une indemnité et le jugement sur les responsabilités. La société commerciale se tournera au besoin plus tard vers d'autres coupables, lorsqu'ils seront reconnus, pour récupérer les versements aux victimes. Dans l'affaire Mediator, le ministre Xavier Bertrand ayant compris qu'il fallait aller vite pour indemniser les victimes a dit que l'ONIAM verserait l'indemnisation rapidement et que les laboratoires Servier seraient obligés de rembourser l'ONIAM (avec un éventuel surplus de 30 %) si le tort venait d'eux et s'ils n'avaient pas déjà indemnisé la victime.

L'« auteur » : une autre victime

La personne qui est « à l'origine » de l'événement inattendu souffre tout autant que la victime : pour celle-ci comme pour celui par qui l'erreur du système s'est révélée, l'événement est une surprise et est inacceptable.

En effet, dans le cas d'une erreur, la personne qui a été à l'origine de l'événement aurait pu être une autre et n'avait l'intention que de faire du bien. Dame de pique ou roi de carreau, peu importe, c'est le château de cartes qui est mal construit. L'accident est le résultat de causes multiples situées en amont dans les circuits et interfaces. On ne voit pas alors pourquoi garder cet esprit de vengeance ancestral des sociétés primitives et de bouc émissaire, comportant la recherche d'un coupable souvent placé en bout de chaîne ou en fin de vie d'un système désuet, jeté en pâture à la vindicte populaire et médiatique. Sommes-nous à ce point aveugles, ou aveuglés par notre instinct de trouver une victime innocente pour effacer le mal ?

Cette culpabilité est d'autant plus insupportable que jamais l'acteur n'a eu l'intention de faire du mal.

En avril 2010, un anesthésiste de Montpellier de grande humanité selon ses collègues a donné à un nourrisson de six mois une dose élevée de médicament contre la douleur qui a probablement favorisé chez cet enfant la survenue d'une paralysie partielle des membres inférieurs. Il avait reconnu tout de suite avoir injecté malencontreusement une dose excessive de médicament juste après l'intervention chirurgicale. Il a mis fin à ses jours au moment de sa convocation pour une enquête de justice.

Il est insupportable de devoir se justifier alors que l'on est soi-même taraudé par une douleur analogue à celle de la victime ou de sa famille. La révolte de l'opérateur face à l'événement réduit très nettement son envie de se battre pour avoir raison et donner du sens à son acte. On peut rapprocher de ce sentiment le choc des donneurs volontaires de sang, qui, au moment de la découverte du virus du Sida, ont appris que leur don provoquait la mort. Eux aussi ont connu l'horrible sensation d'apporter le mal en voulant faire le bien.

Les nombreux rapports sur « Quand les choses vont mal[12] » s'attachent aux deux facettes du problème : améliorer la communication avec les personnes accidentées et leur témoigner de la compassion, mais aussi soutenir les soignants par qui l'événement est survenu et partager la compréhension de leur détresse. Ces écrits confirment la prise en compte de la circonstance particulière de l'absence d'intention et de la surprise des protagonistes.

Que l'on se place du côté de la victime ou de celui qui a voulu tout faire pour le bien d'autrui – et a cru le faire – et par qui l'événement est arrivé, le discours est le même : que cela ne recommence pas.

Pour ce faire, il faut dépasser les questions d'individus et se pencher sur les défaillances du système pris dans son ensemble. Si l'intrication de la demande d'indemnisation avec la recherche de coupables n'était plus un passage obligé, si l'indemnisation et la consolation des victimes étaient mises en œuvre quelles que soient les circonstances et de façon indépendante de tout autre jugement, ne nous dirigerions-nous pas vers un soulagement immédiat de toute victime répondant à l'exigence égalitaire et n'aurions-nous pas plus de latitude pour rechercher les culpabilités, les responsabilités et les causes ?

La réparation du système

Comment diriger la recherche des causes internes au système ? Il ne doit en tout cas y avoir qu'une seule finalité : la recherche *objective* des défaillances. Celle-ci prend du temps (la recherche de causes intimes et intriquées demande plusieurs mois, ce qui est différent de l'annonce de l'événement à la victime dans les quinze jours). Nous allons voir qu'il s'agit avant tout de faire appel à la logique, et non pas à la dialectique éristique – « l'art d'avoir toujours raison », comme l'a écrit Schopenhauer[13]...

Cesser de brandir l'épée de la sanction

En effet, dans un contexte d'erreur, aucun des acteurs de la série d'actes ayant précédé un événement inattendu ne peut parler de son rôle dans son secteur si l'épée de la sanction tournoie au-dessus des têtes – alors que, nous l'avons vu, la notion de culpabilité devient caduque dans ce contexte d'actes successifs *a priori* anodins et d'événements imprévisibles *in fine* malheureux. « Pas vu, pas pris » est alors l'attitude privilégiée des différents acteurs d'une chaîne défaillante face à ce qui paraît être arbitraire. C'est le pire comportement du point de vue sécuritaire.

Expliquer et non s'expliquer

On laisse souvent de côté la recherche de la vérité par la logique au profit de la dialectique sur la culpabilité ou la véracité des propos des plaignants. Au cours de l'enquête, les protagonistes s'affrontent, défendant deux attitudes : déni de la situation de la part de l'opérateur et demande de justice de la part de la victime. Les acteurs minimisent ou refusent les faits : non, il n'y a pas eu autant de morts, les études sont non-contrôlées, ce n'est pas moi mais un de mes collaborateurs qui a pris la décision ; en face, les plaignants demandent justice, c'est-à-dire des sanctions pénales, et mettent tout en œuvre pour trouver un coupable sur qui la charge affective puisse être déversée, un coupable solvable pour obtenir une meilleure indemnisation. Les acteurs sont mis en situation de répondre de leurs actes afin d'éviter la mise en examen. Ils cherchent à s'expliquer, à avoir raison, pour se disculper. Ils s'occupent alors de la forme, oubliant le fond du puits où se trouve la vérité… Bien évidemment, encore faut-il qu'ils aient la volonté et la conviction de défendre leur point de vue dans une situation de surprise et de détresse face à l'événement.

À titre d'exemple, à Bristol, en Grande-Bretagne, Stephen Bolsin, anesthésiste à à la Royal Infirmary, avait rapporté qu'entre 1984 et 1995, la mortalité du service de chirurgie cardiaque pédiatrique, l'un des plus réputés du pays était excessive et dépassait celle des autres services de la même spécialité[14]. La réaction n'a pas été d'en rechercher les causes et de réparer les dysfonctionnements mais de dire que cette déclaration était fausse, que l'anesthésiste n'y connaissait rien, qu'il confondait les malades particulièrement gravement atteints traités dans ce service avec les patients traités ailleurs, qu'on ne pouvait mettre en doute les faits et gestes d'un grand patron, etc. La controverse a pris une telle ampleur que l'anesthésiste a été renvoyé. Cependant, une enquête prouva que l'anesthésiste avait raison, ce qui fut l'origine d'un grand scandale, aussi important pour l'opinion publique que l'affaire du sang contaminé en France[15]. Promulguée en 1998, une loi (Public Interest Disclosure Act ou Whistle Blowing Law) permet dorénavant au public d'alerter les pouvoirs publics devant toute anomalie ou tout accident dû à des erreurs (« wistle blowing law »). La Grande-Bretagne a également créé une agence de la sécurité des soins (Patient Safety Agency) et a gardé l'obsession des indicateurs de mortalité dans les comparaisons entre établissements de soins.

De fait, la plupart des « affaires » se terminent par la création d'agences nationales, c'est-à-dire par l'instauration de procédures limitant la liberté d'action, plutôt que par la réparation des dysfonctionnements via la recherche des causes…

Il est heureusement des cas où les instances dirigeantes sont capables de remettre en cause le système.

Fin 2009, une infirmière de l'hôpital Saint-Vincent-de-Paul, à Paris, a injecté par inadvertance un produit qui n'aurait jamais dû être à sa portée à un enfant et a provoqué sa mort. La première réaction a été de la mettre en garde à vue et de la priver de sa liberté. Tout un chacun, mené par les médias, a commenté la culpabilité de cette infirmière et les enquêtes demandées par la ministre de la Santé ont cherché à dégager les responsabilités. Le directeur général et l'administration de l'Assistance publique-Hôpitaux de Paris ont très courageusement et lucidement déclaré une semaine plus tard que ce n'était pas l'infirmière mais le système (en l'occurrence l'institution qu'ils dirigeaient) qui était responsable, ce qui a permis de mener une enquête approfondie.

Combien de fois les responsables de systèmes complexes n'ont-ils pas cette démarche, induisant alors une culpabilité insupportable chez celui qui se trouvait là, presque par hasard, culpabilité pointée et accrue par ceux qui ont subi le dommage et qui demandent réparation et sanction ? Est-il raisonnable de mettre en détention dans un poste de police une infirmière qui est catastrophée et ne recommencera pas ? La perspective d'une sanction, qui ne changera rien à la situation d'insécurité du système, l'oblige à se placer dans une situation de dialectique pour s'expliquer et entrer dans la controverse. Non, il est préférable, afin de rendre plus sûr le système complexe, de rechercher les dysfonctionnements, de mettre cette infirmière en situation de participer à la recherche des causes par sa vision des choses sans être enfermée dans sa propre défense. La réponse est évidente pour tous et pourtant, la société fait l'inverse.

La vérité est au fond du puits, et le puits est sans fond dans un système complexe aux interfaces nombreuses, chaque étape amenant à en considérer bien d'autres.

Reprenons notre dernier exemple : pourquoi ce produit, usuellement réservé aux adultes, était-il là ? Qui l'avait apporté ? Pourquoi le carton contenant ce produit était-il dans le service ? Que faisait-il dans un hôpital d'enfants ? Quel était le circuit d'approvisionnement ? L'étiquette était-elle lisible ? Comportait-elle un signal particulier ? La lumière était-elle suffisante pour lire facilement le texte ? L'ampoule n'était-elle pas similaire à une autre contenant un autre produit ? L'infirmière était-elle fatiguée par surmenage ? Etc. Cette recherche sans fin impliquant de nombreuses ramifications révèle une multiplicité de petites causes, usuellement sans conséquence, mais qui, mises bout à bout, ont abouti à la catastrophe, l'infirmière n'ayant été que le révélateur de ces multiples défauts.

Permettre la liberté de parole : huis clos ou transparence ?

Devant tout événement indésirable, la recherche des causes par les pilotes de l'aviation civile est, en France, protégée par la loi : ils conduisent une enquête interne à huis clos, entre eux, cherchant à identifier des causes et aboutissant à une conclusion anonyme ; cette conclusion est donnée à la compagnie d'aviation pour réparation des défauts décelés. Tous parlent librement car ils sont détachés de toute notion de responsabilité, de culpabilité et de sanction. C'est aussi l'attitude du Danemark devant les problèmes de sécurité en santé : une enquête de cause est conduite de façon totalement secrète et indépendante de toute enquête de responsabilité (laquelle peut être menée en parallèle mais sans possibilité de communication avec l'autre enquête). Afin d'accroître la sécurité du système de santé, les États-Unis ont quant à eux franchi une étape supplémentaire en promulgant une loi (Patient Safety Act) : les résultats des enquêtes de recherche de causes ne peuvent être utilisés dans l'enquête de justice pénale. En ce sens, les États-Unis privilégient l'aspect sécurité collective au détriment du « tout-transparent » pour l'individu.

En France, les deux aspects sont mêlés et la justice pénale refuse la création de documents confidentiels qui lui seraient inaccessibles. « Un juge d'instruction pourra toujours saisir de tels documents », a dit Marie-Odile Bertella-Geffroy dans un débat public en 2008 sur l'« Évaluation des pratiques médicales : enjeux sanitaires et juridiques[16] ». Mais la juge d'instruction, coordinatrice du pôle de santé publique du tribunal de grande instance de Paris, en convient : « La sanction ne modifie pas les défaillances du système et le remplacement de la sanction par une prévention dans un but que cela ne se renouvelle pas reste un problème non résolu. » Elle considère la « confidentialité des signalements et de leurs analyses comme une question difficile ». Pour l'heure, la création d'un statut de document confidentiel protégé par l'anonymat, et une immunité partielle ou totale des professionnels auteurs de ces signalements et acteurs dans les différentes étapes de ces dysfonctionnements n'est pas applicable au domaine pénal. Marie-Odile Bertella-

Geffroy envisage deux solutions : une politique pénale concertée au niveau du ministère de la Justice (et des parquets) de préservation de la confidentialité (mais laissant les juges d'instruction hors de ce champ), et la création d'une obligation de signalement de tout événement indésirable, la sanction étant alors la publicité des chiffres (par service ou établissement). Cette solution déplacerait la sanction non plus sur la personne, mais sur la réputation du groupe et aboutirait à l'effet escompté : sanctionner pour améliorer. La proposition faite permet de comparer et de mettre services et hôpitaux en concurrence, mais la déclaration par elle-même ne fournit aucun élément de recherche de causes intimes pour réparer et avoir plus de sécurité. On se trouve dans l'impasse… et on n'est pas près d'en sortir.

Dans un rapport, l'Académie nationale de médecine insiste sur la recommandation de supprimer toute notion de sanction lors d'une enquête sur les causes, dans la perspective d'améliorer la sécurité des soins.

L'erreur sécurise

Le principe « que cela ne recommence pas » est lié au progrès. Notre société qui se complexifie par le progrès a précisément l'obligation de trouver les moyens de sécuriser ses circuits et interfaces afin d'adopter de nouvelles innovations. L'erreur nous aide à faire face à ce défi qui peut sembler relever de la gageure.

L'erreur nous projette dans l'univers de la solidité des systèmes composant notre environnement, en permettant d'y inscrire plus de sécurité, alors qu'aucun autre moyen ne pouvait explorer la dangerosité de la conjonction de défauts, chacun paraissant *a priori* mineur. Lorsque je pose une nouvelle carte sur le château de cartes, elle paraît bien placée, et pourtant certains angles des cartes inférieures ne sont pas nets ou orthogonaux. Chacun de ces défauts est mineur, la somme met en péril l'ensemble.

L'histoire des aventures humaines est faite de constructions de plus en plus sûres après des moments de catastrophes, comme le château de cartes que l'on construit et reconstruit jusqu'à l'œuvre « parfaite », totalement sécurisée pour la hauteur désirée.

Sécurité par erreurs successives

La transfusion sanguine est devenue, pour le receveur, l'acte médical le plus sûr : un accident pour un million de transfusions. Aussi sûr que l'aviation civile. Cinq fois plus sûr que l'anesthésie qui, pourtant, est aussi un acte très sûr. Or, cela n'a pas toujours été le cas dans le passé. Qui pouvait prévoir tous ces groupes sanguins : les groupes ABO avec des anticorps naturels (de naissance) – ce qui paraît contraire aux règles immunologiques (car usuellement les anticorps apparaissent après contact avec un corps étranger) –, puis le groupe Rhésus révélé grâce à un artifice avec des réactions du singe rhésus, puis de nombreux autres groupes (Kell, Duffy, etc.) ? Ces groupes sanguins ont été explorés et reconnus à la suite d'accidents de transfusion. On a récemment vu les possibles contaminations par des virus qui ont obligé à accroître les précautions et à renforcer les règles de prélèvement du sang. L'histoire de la transfusion, celle de l'anesthésie, celle de la radiothérapie, celle des greffes d'organes et bien d'autres racontent les avancées par accidents successifs, imprévisibles et involontaires.

La sécurité routière plaçant feux de trafic, ronds-points ou stops aux endroits repérés par des accidents, a connu la même évolution de réparation après des événements tragiques, par des règles rigidifiant l'ensemble.

Raisonnements erronés sur l'erreur

Pas à pas, l'erreur nous conduit vers plus de sécurité… avec parfois des allers et retours. Voici en effet quelques bonnes idées *a priori*, liées à l'erreur, qui, après avoir été mises en œuvre afin de rectifier les défauts du système, se sont révélées être de « fausses bonnes idées ».

La première réaction, au moment de la découverte d'une cause, est de réparer le défaut. Cependant, la réparation risque de favoriser une fragilité encore plus dangereuse dans un système complexe : le maillon rendu rigide devient alors un point de rupture. Le remaniement modifie les circuits existants ou entraîne une perte de temps dans le suivi d'un processus alors que la réponse devrait être urgente et s'adapter à la situation. Ainsi des réparations font-elles plus de mal que de bien dans certaines conditions… et on est tenté de revenir en arrière parce qu'un événement encore plus grave est apparu !

À titre d'exemple, le remplacement de la prescription hospitalière sur papier par les techniques informatiques a fait diminuer les erreurs de recopiage ou d'interprétation d'écriture et a aussi tout naturellement créé des circuits « sécurisés » d'obtention des médicaments. La prescription est alors transmise à la pharmacie de l'hôpital qui envoie le médicament dans les services, faisant disparaître tous les intermédiaires papiers et les armoires à pharmacies dispersées dans les services. Tous les congrès d'organisation des soins ont loué les bienfaits des IT (*Information Technologies*). Puis des articles récents, de plus en plus nombreux, provenant d'équipes outre-Atlantique, ont révélé que des patients sont morts parce que le médicament urgent – qui était auparavant stocké dans l'armoire à pharmacie du service, près du patient – n'était pas arrivé à temps. L'amélioration, si elle est évidente dans la plupart des situations, n'est pas bénéfique dans le contexte de l'urgence.

Autre exemple, dans un registre proche de notre vie quotidienne : les constructeurs de routes ont supprimé des virages pour éviter des accidents de voitures. Le résultat a été l'inverse de ce qui était attendu car la vigilance des conducteurs était affaiblie sur routes droites (selon une analyse menée au Danemark).

Une autre fausse bonne idée qui vient à l'esprit est la déclaration obligatoire de tout événement indésirable. Le registre des déclarations obligatoires des événements indésirables graves n'apporte en soi aucune information sur les moyens de réparer. Le registre, accumulant les événements sur une liste, n'aide pas à la recherche des causes racines. La typologie des accidents est difficile (voire impossible) à construire car les acteurs, les gestes, les motifs, les circonstances extérieures et les variabilités individuelles sont complètement intriqués, ce qui rend utopique toute recherche de comparaison entre établissements ou d'une année à l'autre. La Grande-Bretagne, qui s'était engagée dans cette aventure très coûteuse, a fermé son registre en août 2010, après avoir inscrit des dizaines de millions d'événements indésirables graves. Chaque cas est particulier… et cette expérience a démontré l'impossibilité d'obtenir une liste exhaustive, de rechercher des causes transposables et d'établir une hiérarchie en vue de gratifications ou de sanctions.

Seuls les quelques cas de registres ciblés où les circonstances sont bien précisées et où existe un lien direct entre cause et conséquence – comme, en France, ceux des infections nosocomiales, ceux des complications après chirurgie cardiaque tenues par les chirurgiens cardiaques eux-mêmes, ou, en Suède le registre des prothèses de hanche pour connaître leur fragilité dans le temps – servent d'exemples et aident tous les acteurs à mettre en œuvre une correction.

Une troisième fausse bonne idée est de croire que les événements indésirables se répètent quel que soit le lieu. En fait, l'accident est dû à des circuits locaux défectueux qui sont le plus souvent propres à l'établissement. Le parangonnage (le *benchmarking* des Anglo-Saxons) est plus facile dans le cadre d'un succès – ce dernier étant dû à une action bien définie, avec une cause pour une conséquence – que dans l'évitement d'une erreur inattendue et imprévisible aux causes multiples, intriquées et propres aux circonstances locales. En France, des événements indésirables graves surviennent entre 5 et 6 fois tous les mille jours d'hospitalisation soit un événement tous les cinq jours dans un service de trente lits[17]. Plus de 150 000 personnes par an en France sont victimes d'un événement indésirable sévère et près de dix mille meurent chaque année par « erreur médicale ». Mais, le plus souvent, ces erreurs ne sont ni prévisibles ni évitables. Cela exprime bien le caractère particulier des erreurs dans un tel système et l'absence de linéarité entre une seule cause et l'effet. On ne reproduit que ce qui est déterminé par une cause ; on ne reproduit que les actions ayant les mêmes circonstances et les mêmes conséquences. On peut cependant citer des exemples d'actions utiles pour lesquelles un lien direct a été démontré entre la cause simple et l'effet néfaste et qui sont transposables dans tout établissement : se laver les mains avant et après tout examen d'un malade ou suivre une check-list avant d'entrer en salle d'opération.

Comment se servir de l'erreur (événements porteurs de risque et revue de mortalité) ?

Selon le contexte, le même type d'erreur peut provoquer ou non un dommage, suivant les relais de compensation, la manière dont les secteurs peuvent répondre à une perturbation et la réaction du système lui-même face à un désordre. Sans compter que le même dommage peut aussi être dû à des conjonctions de causes différentes. L'analyse de l'erreur ne sert donc généralement pas à éviter qu'un événement similaire se reproduise, mais à découvrir tous les maillons faibles qui, dans une autre circonstance ou dans une autre combinaison, participeraient à la survenue d'un accident.

Il est donc préférable, dans un lieu donné, d'explorer quelques situations de façon approfondie plutôt que de créer une liste exhaustive comportant les déclarations de tous les événements : en effet, une analyse détaillée de quelques exemples reconnaît les multiples défauts du système.

Comme nous l'avons vu, la recherche des causes implique la participation de tous les acteurs. Dans ce contexte, il est préférable de se placer dans une atmosphère de soulagement et non de détresse. Aussi, l'étude des événements porteurs de risques – ceux qui ont failli très mal se terminer et qui ont heureusement eu un dénouement sans dommage – est probablement une des situations les plus riches en information. D'une part, les personnes sont dans la joie de l'évitement de l'accident et l'exploration des causes se fait sans arrière-pensée de poursuites car il n'y a pas eu de dommage. D'autre part, un chaînon a perçu le danger et a retourné la situation. Qu'il en soit félicité et que l'on renforce cette barrière pour assurer le système ! Dans ce contexte gratifiant, tous les acteurs sont prêts à participer à cette démarche. Nous avons tous connu personnellement ces moments où l'on a été au bord d'une catastrophe et où tout s'est heureusement bien terminé. On parle de cet « exploit » à tout notre entourage.

Ceux qui ont expérimenté la recherche de causes après un événement porteur de risque comprennent que la réparation des défaillances des systèmes est fondamentale pour l'amélioration du système et son évolution. Le système acquiert une sécurité qui lui donne la capacité d'incorporer progrès et innovations. Au vu de cet objectif, la partition entre le « presque-accident » et l'accident paraît futile : des groupes de pairs se réunissent pour analyser tous les événements, y compris ceux qui ont provoqué des dommages ou la mort.

De fait, dans le domaine de la santé, les revues de morbidité et de mortalité font partie de la pratique hospitalière. La crainte naturelle et instinctive de poursuites pénales est compensée par les avantages apportés par une amélioration de la sécurité des patients. « L'engagement dans ce processus d'analyse n'est pas en soi un facteur d'accroissement de cette responsabilité [pénale]. Au contraire, la mise en place de cette procédure apporte la preuve de la réactivité des équipes face à une situation de risque qui pourrait se renouveler[18] ».

L'erreur est humaine : *To Err is Human : Building a Safer Health System* est le titre d'un grand rapport de l'Institut de médecine américain en 1999[19]. Ce rapport a été le point de départ de la levée de la crainte de culpabilité. Les professionnels de santé sont confrontés aux erreurs. N'ayez pas peur d'en parler, disent les auteurs. Les erreurs sont quotidiennes et tous les professionnels de santé sont concernés. En Allemagne, les plus grands patrons et cadres soignants ont décrit, dans un quotidien de large diffusion, leur erreur la plus caractéristique afin de dédramatiser l'esprit de culpabilité et d'engager les autres à ne pas avoir peur de faire une revue de mortalité ou de morbidité.

Je vous propose maintenant d'aller au-delà de l'évitement de la reproduction d'une erreur, en cherchant à réagir avant que les conséquences néfastes d'une erreur ne surviennent.

Pour que cela ne se produise pas : l'anticipation, une caractéristique humaine

On a vu que, dans le modèle du monde vivant, le moteur de survie et donc de vie est l'interaction entre un monde évolutif et un environnement changeant. L'environnement changeant est une condition de l'évolution et de la vie. Mais comment vivre dans ce monde fluctuant ? Comment y minimiser les risques d'accident tout en gardant une grande flexibilité, autrement dit comment garder l'adaptation et le risque d'erreur tout en minimisant les dommages ?

Le suivi des règles ne suffit pas

Le suivi des procédures ne met pas à l'abri des accidents ou des échecs. Le risque est d'autant plus élevé que le groupe est confronté à l'inattendu et qu'il est sous pression (pour dépenser moins, pour répondre à l'urgence, pour gagner du temps, etc.). La pression exercée pour obtenir un résultat escompté ou pour éviter une dépense met en péril les hommes et met en danger le système lui-même. Paradoxalement, la sécurité passe au second plan puisqu'elle est en place, et les responsables se protègent derrière des règles accomplies et des protocoles bien suivis. L'aveuglement sur ce qui peut se passer, la volonté de s'accrocher à son objectif et la résistance à laisser place à une gouvernance souple face à l'inattendu sont choses courantes.

En 1986, la navette *Challenger* était pour les États-Unis un atout politique et stratégique, objet de fortes pressions. Le programme ne devait donc pas être retardé. Une fenêtre de lancement de la navette était fixée. Or, certains anneaux de l'appareil étaient fragiles à basse température. La température prévue au moment du lancement était limite. Les ingénieurs avaient conseillé de retarder le vol. La direction était sous pression et a demandé à un ingénieur hésitant d'oublier qu'il était ingénieur et de se mettre à la place des dirigeants, en évaluant toutes les conséquences d'un retard. Mis dans cette position, il a opté pour le départ. Et la catastrophe survint le 28 janvier 1986 : la navette a explosé 73 secondes après le décollage. Les 7 membres d'équipage à bord sont morts. L'effet médiatique a fait plus de mal qu'un retard au lancement. L'histoire de la navette *Columbia*, endommagée au décollage et qui s'est désintégrée le 1er février 2003 au moment de sa rentrée dans l'atmosphère, tuant aussi sept astronautes, a été un deuxième événement qui a marqué les esprits. Les navettes restèrent clouées au sol pendant deux ans. Là encore, l'aveuglement ou la prise de risques majeurs expliquent une décision prise sous pression, due cette fois au coût du sauvetage des hommes dans l'espace et à la perte sèche en cas d'arrêt de la mission. Tous les acteurs ont fait leur travail suivant les prescriptions et protocoles, mais personne n'a décidé de changer de cap ou d'arrêter l'expédition, alors que tous avaient vu arriver l'accident. Cette deuxième horrible catastrophe a conduit la Nasa à entreprendre une réflexion sur la sécurité et à revoir « l'esprit des règles et protocoles ». De cette réflexion est née la notion d'adaptation, d'élasticité, d'anticipation et de coordination, sous le vocable de *resilience engineering*[20].

La résilience

L'idée de résilience, c'est-à-dire l'attitude d'adaptation face à la variabilité en anticipant à chaque moment, est née de l'inaptitude des règles et protocoles à répondre à un événement inattendu lié aux défaillances inédites d'un système complexe. La conduite d'une action ne peut se déduire des seuls retours d'informations antérieures, elle doit aussi tenir compte des circonstances et de leur possible évolution.

Au vu des erreurs inhérentes au système, sachant que les accidents sont dus à la conjonction de défauts mineurs dans des circonstances uniques, il paraît en effet utile de se mettre en position d'anticipation tout en suivant des règles basées sur le passé. Ces règles déduites des incidents antérieurs, et édictées en pensant que des catastrophes surviendront en raison de circonstances identiques et de combinaisons de circuits similaires, ne suffisent pas : deux situations ne sont jamais identiques. Regarder en arrière est nécessaire mais pas suffisant. Regarder en arrière est nécessaire mais pas suffisant. La conduite d'une voiture ne peut se faire sur les seules informations du rétroviseur. Le conducteur doit considérer la route devant lui, les virages, la chaussée glissante, les travaux, les nids de poule, la présence d'un autre véhicule arrêté, etc. Tous ces événements se trouvent devant lui. Même dans le cas où une telle situation se reproduirait, les conditions et conjonctions des éléments présents ne seraient pas similaires. Lorsque surgit une contrainte, tel un virage ou un piéton traversant la route, le conducteur adapte sa conduite et prévient l'accident.

Les chercheurs en matière de sécurité se dirigent actuellement vers l'étude de la capacité d'ajuster, de s'adapter et de suivre les perturbations à tout moment pour éviter que le système ne casse. Ils opposent souvent la résilience à la cassure. La souplesse qu'appellent les variations de situations est parfois préférable à la rigidité de règles préconçues qui amènent à la rupture, et les gestionnaires des systèmes complexes adoptent progressivement ce changement de politique sécuritaire : ils considèrent en permanence et simultanément ce qui est attendu par le souvenir des dysfonctionnements déjà reconnus et ce qui pourrait survenir. L'armée américaine a très vite pris ce chemin qui oblige à ouvrir les yeux plutôt qu'à les fixer sur des protocoles[21]. Mais cette voie n'est pas empruntée par beaucoup de responsables de la sécurité de systèmes complexes adaptatifs. La sécurité des soins telle qu'elle est définie aux États-Unis par l'Institute of Medicine, faite de préceptes basés sur les histoires précédentes, est critiquée par les spécialistes des systèmes complexes, car cette démarche ne prémunit pas contre les situations inattendues, qui sont les plus fréquentes[22].

Lors d'une étude menée pendant trois ans aux États-Unis sur plus de cent établissements de santé[23], destinée à répertorier la mortalité des patients au décours d'interventions chirurgicales faites quotidiennement, les auteurs ont comparé les résultats des hôpitaux qui avaient la plus forte mortalité pour des actes simples comme le traitement de l'appendicite, de la fracture du col du fémur ou des calculs de la vésicule, avec ceux des hôpitaux qui avaient la plus basse mortalité, après avoir pondéré les populations de malades suivant l'âge, l'état général et les maladies associées. La différence allait du simple au double ! Il s'est avéré que la mortalité n'était pas en rapport avec l'application et le suivi de procédures : on ne constatait aucune différence entre les deux groupes. Contrairement à ce que suggérait le bon sens, la mortalité n'était pas non plus liée à la fréquence des complications (infections nosocomiales, phlébites, embolie pulmonaire, insuffisance rénale et autres) : on constatait autant de complications dans les deux groupes. D'où provenait donc cette différence du taux de mortalité ? De la manière de gérer les complications. De la manière de gérer l'inattendu. Comment détecter tôt une complication ? Qui a prévenu et pris des décisions ? Comment a réagi l'équipe face à la première information ? Quels ont été les moyens d'investigation et de traitement rapides ? La question qui se pose à tous est de savoir pourquoi certaines équipes savent réagir et pas d'autres. On parle de « travail d'équipe », sans bien le définir. Alors que les indicateurs qui répertorient les procédures de soins ou le nombre de complications foisonnent (y compris ceux qui rapportent le taux de mortalité), aucun indicateur n'évalue le talent et la réactivité de l'équipe.

Le soin aux malades oblige à des vérifications (check-lists). Des recommandations de bonnes pratiques servent de repères et les stratégies médicales et chirurgicales sont préparées avant toute intervention ; pourtant, dans le courant de l'action – on pourrait même dire dans le feu de l'action en situation d'urgence –, l'attitude face à l'inattendu engage le résultat pour le malade et chacun prend l'initiative salvatrice parce qu'il se trouve là au moment dangereux et ne se retranche pas derrière sa mission prédéfinie.

Un changement de paradigme

Équipe et équipage

L'exemple de l'équipe de rugby est probablement celui qui permet de mieux comprendre la différence (et le lien) entre attitude prescrite et anticipation ou, de façon plus générale, entre procédures et autonomie. Les règles du jeu sont définies, la stratégie est préparée avec attention après avoir étudié les talents de la partie adverse et les réactions des joueurs lors de rencontres précédentes, et pourtant l'autonomie durant le jeu fait la différence, chacun se plaçant au mieux, prenant la balle même si elle ne lui est pas destinée, dans un seul but : marquer des points.

Dans un système complexe, on parle d'« équipe », alors que dans un système compliqué on parle d'« équipage » (suivant l'expression de Charles de Riberolles, professeur de chirurgie cardiaque à Clermont-Ferrand). Dans l'équipe d'un système complexe, tous œuvrent pour un objectif, les membres sont interchangeables au moment de « coups durs ». Ils vivent dans l'inattendu, la variabilité du contexte – que ce soit au rugby, dans une équipe de secours pour aller chercher un montagnard en perdition, dans une équipe d'un service de réanimation ou encore chez les éclaireurs en guerre. Inversement, dans l'équipage d'un système compliqué, comme un avion, chacun a sa place avec un rôle précis et ne peut être remplacé que par un collègue ayant les mêmes attributs et compétences (pilote, mécanicien, chef de cabine, etc.) ; personne ne peut prendre la place d'un autre dans le groupe : tout est attendu et réglé par des protocoles. L'équipe vit en permanence dans des situations inattendues, l'équipage ne doit pas être confronté à l'inattendu.

Considérer le succès

Bon nombre de régulateurs ne considèrent que les événements délétères passés et non les succès. Les médias rapportent les catastrophes mais rarement les exploits d'une personne intelligente qui, sur le terrain, adapte l'action à son environnement. Notre culture est plus celle des échecs que celle des succès, plus celle des lois et règles construites sur le passé que celle de l'autonomie ouvrant un espace d'anticipation. Si l'erreur est inhérente au système complexe adaptatif, le succès qui permet de se sortir d'un mauvais pas par anticipation est le propre de l'homme. Si la catastrophe est la conjonction de circonstances particulières en un lieu et à un moment qui ne se répéteront pas de façon identique, le succès est un modèle pour tous, transposable à d'autres situations.

Le prix de la résilience

La résilience diminue le risque de catastrophe face à l'inattendu, mais elle laisse place à la variabilité et aux erreurs mineures. Ceci serait peu tolérable dans un ensemble contraint où tous les trains, avions et autres moyens de communication doivent arriver à l'heure, mais pas dans les domaines où l'on répond chaque fois à une situation particulière comme dans le cas de la santé – à son extrême dans un service de réanimation ou d'urgences.

Dans un service de santé, la recherche d'adaptation à toute situation, de réponse à la variabilité, d'anticipation pour parer au plus pressé, d'évitement des événements graves aux dépens d'un ordonnancement parfait aboutit à des attentes longues, des dérangements et de petites complications : l'attitude peut ne pas être jugée « performante » du point de vue des critères de qualité. Mais préfère-t-on des soins totalement réglés, qui suivent toutes les procédures, quitte à entraîner un retard parce que tous les participants doivent être présents – retard qui peut être long, surtout en période de congés annuels, et pendant lequel la maladie évolue inéluctablement – ou des soins qui sauvent le patient malgré les difficultés circonstancielles ?

Or, plus on s'approche d'une possible catastrophe, plus le système doit être résilient, dans une vision coordonnée de la situation : l'addition des ensembles opérationnels, sans stratégie concertée, est inadaptée.

Lors de la prise d'otages d'athlètes pendant les jeux Olympiques de Berlin, on a vu apparaître dans le décor des centaines de personnes habillées en athlètes, avec un casque et une arme dans le dos ! Les ordres avaient été donnés en accord avec une vision stratégique adéquate mais non coordonnée : l'un a dit qu'il fallait beaucoup d'hommes, l'autre qu'ils devaient se camoufler en s'habillant en athlètes, un troisième qu'ils devaient se prémunir des attaques de l'opposant, et un quatrième qu'ils devaient pouvoir se défendre. Cela a abouti à une mascarade… L'intégration des éléments et non leur superposition fait partie de la résilience.

La décision modificative doit en outre être comprise par les acteurs afin de les entraîner sur un chemin moins bourbeux ou moins dangereux, mais qui change des habitudes. C'est un sacrifice que d'oublier l'objectif au long terme qui motive et de fixer un nouveau but moins ambitieux, immédiat, plus ajusté aux circonstances. Le sacrifice des priorités de production, de réputation, de réduction des coûts pour accroître la sécurité est une décision délicate. Une amputation pour éviter la mort, la chirurgie d'une tumeur du cerveau qui laisse des séquelles, sont des décisions qui remettent en question l'objectif premier de guérison sans séquelles.

Le savoir-faire, l'anticipation, la résilience, le talent : tous ces mots expriment la bonne réaction face à la variabilité, mais il faut en accepter le prix. Aller contre un ordre écrit, prendre s'il le faut le commandement alors qu'il existe des ordres prescrits, convaincre l'entourage d'adopter une nouvelle orientation ne sont pas choses simples. Quand une infirmière prend des initiatives devant un patient dont l'état s'aggrave, change les traitements prévus et se met en porte-à-faux avec sa hiérarchie, elle joue son rôle dans le cadre de la résilience, alors qu'elle pourrait se conformer aux prescriptions établies.

Le pilote Chesley Sullenberger, âgé de soixante-sept ans, a su, le 15 janvier 2009, après une collision avec des oiseaux qui étouffaient les deux réacteurs de son avion, poser l'A320 qu'il pilotait avec une aile en feu dans les eaux glacées de la baie d'Hudson. Il a agi contrairement aux ordres de la tour de contrôle qui lui demandait de faire demi-tour puis d'aller se poser sur un aéroport plus loin. Il est un exemple d'anticipation pour plus de sécurité. Ce « miracle », comme l'ont rapporté les médias, qui a sauvé la vie des passagers était dû à sa capacité d'anticipation, peut-être en rapport avec le fait qu'il était un ancien pilote de l'US Air Force, et que, dans ce corps de métier, l'anticipation dépasse le suivi de règles prescriptives.

ÉPILOGUE

Entre l'inerte et le chaos
Entre la vérité et la justification
Entre la procédure et l'autonomie
Entre le passé et le futur…
À la fin de l'envoi, nous touchons au sens de la vie.

Pour conclure, je souhaiterais insister sur deux faits contemporains qu'il convient de prendre en compte simultanément si nous voulons « pouvoir regarder devant nous ».

Depuis peu, nous construisons pour nous aider, non plus des machines bien rodées, mais des systèmes complexes adaptatifs (communication, finances, éducation, santé, transports, etc.) qui s'auto-organisent et les erreurs sont notre peine quotidienne.

Mais tout en construisant ces nouveaux systèmes complexes, nous nous détachons du système complexe adaptatif dans lequel nous vivions depuis notre apparition…

C'est pourquoi, tout en définissant le sens des systèmes adaptatifs que nous construisons, il nous faut réfléchir à nouveau sur le sens de notre vie d'Homme, devenu indépendant du programme de la Nature.

L'Homme se sépare de l'évolution de la Nature

Le seul modèle de système adaptatif et évolutif dont nous avions connaissance jusqu'à présent était la Nature. Dans le cadre du monde vivant, comme nous l'avons dit, les modalités d'erreur dans la transmission des gènes sont nombreuses, mais le tri, par la sélection naturelle, entre ce qui est adapté ou non, fait appel à seulement deux moyens : la taille des familles et l'absence de descendance (principalement par la mortalité infantile) lors de la survenue d'une erreur délétère.

Or, aujourd'hui, ni l'une ni l'autre n'ont plus de prise sur l'espèce humaine : dans la plupart des populations humaines, la mortalité infantile est très faible et la taille des familles uniforme (entre deux et trois enfants par famille). L'homme est figé, tandis que le monde vivant continue à évoluer. Nous nous sommes artificiellement adaptés aux changements environnementaux : climatisation, chauffage, prévention contre les infections, antibiotiques, conservation de l'alimentation, échanges de denrées entre pays en pénurie et ceux en abondance, etc. Libéré de la sélection naturelle, l'Homme considère désormais différemment la sexualité et la famille. Hors du champ de l'évolution du monde vivant, l'Homme regarde évoluer le monde comme une tierce personne. À l'union Homme-Nature se substitue la relation Homme-Nature, à travers laquelle il va chercher à maintenir la biodiversité et à promouvoir le respect vis-à-vis de la Nature par la précaution – tentant de l'immobiliser de peur que nos chemins divergent de façon dangereuse.

Cette séparation entre l'Homme et la Nature, oubliant leur adaptation progressive et réciproque, et son corollaire, qui est l'évolution indépendante de chacune des deux parties du monde vivant (l'homme d'un côté et le reste du monde vivant de l'autre), est un sujet que l'humanité devra analyser et maîtriser.

Sorti du concept du hasard et de la nécessité, l'homme peut en effet être tenté de tout faire, de « tout expérimenter puisque c'est possible » et de ne considérer d'autres bornes que son savoir et ses possibilités de compenser les dommages induits. Nous n'empêchons pas l'erreur, mais essayons déjà de créer une sélection artificielle dans le secteur de la santé, par le diagnostic anténatal, le diagnostic préimplantatoire – jouant avec le feu de l'eugénisme –, ou par le remplacement de « pièces détachées » prises sur les uns pour réparer les autres (greffes). Prendrons-nous le chemin de l'aventure sans limite du possible, remettant en cause les fondamentaux de la vie en voulant supprimer toute erreur et sauver autrui par tous les moyens ? Nous dirigerons-nous au contraire vers le tout-sécuritaire, prudentiel et précautionneux, limitant l'erreur innovante ? Pousserons-nous à l'extrême l'idée de la précaution, selon laquelle, il faut – de peur qu'on s'éloigne trop ou trop vite de l'évolution naturelle – diminuer les risques engendrés par notre activité sur l'avenir de la Nature et celui de notre planète et compenser les effets des désastres que nous pourrions provoquer ? N'y a-t-il pas un chemin raisonnable et raisonné entre ces deux extrêmes ?

Nous avons besoin de l'éthique pour nous aider, distinguer le bien du mal au niveau de la société humaine. Précisément, la « bio-éthique » va de pair avec la disparition de la sélection naturelle qui jouait ce rôle du bien et du mal « naturels » face à l'environnement.

L'homme révolutionne son environnement

Nous sommes à l'ère nouvelle où l'homme crée des systèmes complexes comme la communication via Internet, ou devenus complexes comme la santé, l'éducation, les finances. Sans en prendre conscience, il change radicalement la structure des outils à sa portée. Et il n'est plus maître de sa création : le système complexe adaptatif s'auto-organise et son comportement ne s'accorde pas avec la « surveillance » et les prescriptions de haut en bas. La promotion de la sécurité est différente – l'adaptation et l'évolution basées sur la survenue de l'erreur laissent place à l'autonomie.

L'erreur accompagne la vie de tout système adaptatif et évolutif. Nous profitons des bienfaits de l'erreur tout en gérant les conséquences des événements indésirables. Il ne peut y avoir de progrès sans erreur.

Nous prenons conscience qu'il faut, pour accroître le degré de sécurité, dépasser les ordres, les règles et les protocoles adaptés pour des machines bien huilées et faire appel à l'éveil, à l'anticipation et à la résilience. Nous évitons les dangers par l'anticipation, le discernement, et nous gardons règles et protocoles pour des moments précis, mêlant ainsi visions prospective et rétrospective.

Le rôle des hommes est d'accroître la sécurité du système, de diminuer le fardeau engendré par les erreurs et de prendre en charge toutes les victimes du système, sans chercher responsabilité et culpabilité. Le coupable et responsable est le système lui-même. Il ne viendrait à l'idée de personne de rendre responsable une mère de la malformation à la naissance de son enfant due à une maladie pendant la grossesse. Elle est entourée et consolée. Cherchons-nous un coupable aux catastrophes naturelles ? Non, nous cherchons à diminuer le fardeau, à affaiblir le risque d'accident et à réparer les conséquences. La condamnation des experts qui n'avaient pas prévu le séisme de L'Aquila a choqué toute la communauté scientifique. Nous observons les erreurs de la Nature sans jugement de valeur ni notion de culpabilité. Faisons de même pour toute erreur engendrée par un système complexe adaptatif créé par l'homme.

Pour autant, il nous faut aussi nous poser la question du sens de tout système complexe adaptatif et évolutif que l'on a construit consciemment ou inconsciemment : si on supporte le fardeau, encore faut-il savoir pourquoi.

Un but, une éthique

Il est essentiel de donner à l'ensemble complexe un objectif clair et explicite alors qu'il est confronté en permanence à un environnement qui le questionne ou le perturbe. L'absence de clarté des objectifs laisse place à des défenses catégorielles souvent divergentes et conflictuelles, et empêche de progresser dans l'organisation du système, comme celui de la santé.

Personne n'a expliqué les valeurs ou la valeur du système de santé. Chacun y va de son couplet sur la définition des valeurs du système de santé : plus d'espérance de vie des patients, plus d'espérance de vie en bonne santé (indicateur européen), éviter l'évitable (éviter la mort, l'hospitalisation ou les complications), limitation des dépenses dans un budget contraint, efficience du système (optimisation du rapport coût/efficacité), débouchés et emplois dans la santé et industries de santé, médecine de proximité, réponses aux préférences des patients, alliance de la santé et du social, etc.

N'avons-nous pas pris le mauvais chemin dans le système adaptatif en santé ? On pourrait le croire au vu de l'absence de cohérence de l'objectif, des décisions autoritaires de haut en bas (*top-down*) changeantes, de la multiplicité des donneurs d'ordres, des contrôles et indicateurs mal adaptés, des injonctions opposables sans rapport avec les besoins, des lois successives, voire annuelles, en réponse à des pressions économiques conjoncturelles.

En fait, dans le système de santé, le soin n'a qu'un but : améliorer la santé des malades. C'est donc sur le résultat clinique (moins de morts, moins de complications, moins de handicaps, une meilleure qualité de vie) que devrait se baser l'évaluation, obligeant à une organisation construite autour du malade.

Une fois la ou les valeurs admises, l'objectif déterminé, nous devons mettre en place les moyens de flexibilité (accepter l'erreur) et définir la variabilité admissible de ces systèmes que nous avons construits, les écarts qui marquent le bien et le mal. Plus précisément, que signifie l'éthique dans ces secteurs complexes adaptatifs ? Il ne s'agit plus de reconnaître la facette bénéfique et la facette nocive d'un outil ou d'une machinerie comme le couteau, le fusil ou l'atome, mais de discerner le degré d'autonomie à laisser au système évolutif.

Cette « éthique », véritable gouvernail propre à chaque système, permet d'orienter l'autorégulation naturelle du système adaptatif face aux aléas et aux errements et permet donc une évolution adaptée. Il ne s'agit pas de liberté sans frein, mais d'élasticité, de résilience, à partir de fondements qui donnent sens au système, de repères qui permettent de garder l'objectif.

La notion d'« éthique » se fait à trois niveaux : dans le choix de l'amplitude de la flexibilité, dans la conduite en convergence ou en divergence avec l'évolution de l'environnement, et enfin dans la cohérence entre le parcours et le cap des valeurs définies ou l'objectif à atteindre.

Des éthiques, un sens

Si chaque complexe adaptatif mène sa vie, avec son objectif et sa « morale », allons-nous laisser les systèmes dont nous n'avons – il faut bien le reconnaître – que très partiellement défini les objectifs, les moyens et les limites de la flexibilité, s'autoréguler et s'adapter les uns aux autres ? Les systèmes que nous avons créés évoluent-ils au hasard ou avec un sens ? N'y a-t-il pas une éthique supérieure aux degrés de flexibilité des systèmes adaptatifs ? N'y a-t-il pas un objectif (ou un sens) commun ? Plus de démocratie, plus de vie ensemble, plus d'« humanitude [24] » ? Un sens qui serait de fait commun aux hommes plus qu'aux systèmes eux-mêmes : le sens de la vie ?

Pour reprendre l'exemple du système de santé, quelle incorporation de l'innovation (avec ses erreurs et accidents) est-elle acceptable, quels sont ce « bien » et ce « mal » aujourd'hui définis par des lois « bioéthiques », quelle amplitude donner aux dérogations ? Cette « éthique » – c'est-à-dire la définition des limites admissibles de la flexibilité

– est-elle en relation avec notre sagesse, avec notre sens de la vie ?

Dans un esprit de cohérence, le sens et l'éthique des systèmes complexes adaptatifs ne peuvent être séparés du sens de la vie et de la morale. Donnons du sens aux constructions évolutives avant qu'elles ne s'échappent de nos mains, un sens qui s'accorde avec notre recherche du sens de la vie.

NOTES

1. C. Perrow, *Normal Accidents : Living with High Risk Technologies*, Princeton University, 1999.
2. J.-G. Ganascia, *Voir et pouvoir : qui nous surveille ?*, Le Pommier, 2010.
3. Débats et rapport du Parlement sur les objectifs de la tarification à l'activité, 2010.
4. S. Campbell *et al.* (2007), « Quality of primary care in England with the introduction of Pay for Performance », *New England Journal of medicine*, n° 352, p. 181-190.

   Les chercheurs en santé publique américains ont écrit sur l'incompatibilité entre l'amélioration de la qualité et la performance, insistant sur la baisse de motivation de faire bien pour tous les malades, y compris ceux qui ne sont pas dans le schéma de paiement à la performance : S. Woolhandler, D. Ariely, D.U. Himmelstein, « Why pay for performance may be incompatible with quality improvement » (2012), *British Medical Journal*, n° 345 (editorial).

   En France, l'assurance maladie a initié ce genre de paiement à la performance dans un contrat individuel avec les médecins, en ajoutant des critères d'économie (utilisation des génériques, par exemple). Les syndicats des médecins ont rechigné à recommander d'y participer, car le contrat individuel allait contre leur mission collective, mais ont finalement sauté sur l'aubaine lorsque l'assurance maladie a accepté de les consulter, y voyant un moyen relativement facile d'augmenter les gains au point de demander d'étendre le « paiement à la performance » aux médecins spécialistes. Les cardiologues ont été les premiers à obtenir cette « aubaine », bien d'autres spécialistes la réclament. Une aubaine pour les acteurs mais peut-être pas un résultat positif pour la santé publique au vu de l'expérience d'outre-Manche et de la réflexion des Américains. Il est difficile de prévoir l'effet d'une action qui paraît de bon aloi.

5. G.M. Lee *et al.* (2012), « Effects of nonpayment for preventable infections in US hospitals2010 », *New England Journal of Medicine*, n° 367, p. 1428-1437.
6. E. Nolte et C. M. McKeen (2008), « Mesuring the health of nations : updating an earlier analysis », *Health Affairs*, vol. 96, p. 58-71.
7. J. Tan, H. J. Wen and N. Awad (2005), « Health care and services delivery systems as complex adaptative systems, examining chaos theory in action », *Communication of the ACM* (Association for Computing Machinery), vol. 48, n° 5, p. 36-44.
8. "Medical bills after all, are the leading cause of personal bankruptcy in the United States". Lisa Rosenbaum et Daniela Lamas, « Cents and sensitivity-teaching physicians to think about costs », *New England Journal of Medicine*, 367(2), p. 99-101.
9. P. Michel et DRESS (Direction de recherche et études du ministère de la Santé), 2011.
10. L. Leape *et al.* (2009), « Transforming health care : a safety imperative », *Quality & Safety in Health Care*, vol. 18, p. 424-428. En Caroline du Nord, les dirigeants ont mis en place une campagne nationale basée sur un programme intensif de sécurité des soins auquel 96 % des établissements ont participé. Le résultat n'a montré aucune différence de taux d'événements indésirables six ans plus tard (C. P. Landrigan *et al* (2010),

« Temporal trends in rates of patient harm resulting from medical care", *New England Journal of Medicine*, n° 363, p. 2124-2134).

11. Cependant, la variabilité humaine empêche une suppression totale de tout risque. Malgré tous les efforts pour rendre compliqué une complexité, il demeure dans ce cas, une part d'inattendu.
12. *When Things Go Wrong : Responding to Adverse Events. A Consensus Statement of the Harvard Hospitals*, Massachusetts Coalition for the Prevention of Medical Error, 2006.
13. « Il faut séparer nettement la découverte de la vérité objective de l'art de faire passer des thèses que l'on avance pour vraies, l'une est l'affaire de la capacité de jugement, de la réflexion, de l'expérience et cela ne fait pas l'objet d'un art particulier. L'autre est le dessein même de la dialectique », *L'art d'avoir toujours raison*, Mille et une nuits n° 191, 2010.
14. www.bristol-inquiry.org.uk
15. Rapport auprès du Parlement, « Learning from Bristol », Bristol Royal Infirmary Inquiry, 2001.
16. Débat public HAS-IDS.
17. Enquête ENEIS de la DRESS déjà citée.
18. P. Chevalier, « Les revues d'analyse des accidents médicaux : quelles incidences sur la responsabilité pénale des médecins et soignants », *Revue de droit sanitaire et social*, n° 6, 2008, p. 1080-1087.
19. L. T. Koln *et al.*, « To Err Is Human : Building a Safer Health System », Institute of Medicine, National Academy Press, 2000.
20. Erik Hollnagel en est l'un des pionniers : « The definition of resilience can be the ability of a system or an organization to react to and recover from disturbances at an early stage, with minimal effect on the dynamic stability. » Voir ouvrage note 21.
21. T. Petzinger, *The New Pioneers : the Men and Women Who Are*

Transforming the Workplace and Marketplace, Simon & Schuster, 1999.

22. David Woods, chapitre 2, « Essential characteristics of resilience », page 27, *in* E. Hollnagel et N. Leveson, *Resilience Engineering, Concepts and Precepts*, ASHGATE, 2006, www.ashgate.com.
23. A.A. Ghaferi, J.-D. Birkmeyer et J.B. Dimick (2009), « Variation in hospital mortality associated with inpatient surgery », *New England Journal of Medicine*, n°361, p. 1368-1375.
24. Selon une expression d'Albert Jacquard, tirée de *L'Héritage de la liberté : de l'animalité à l'humanitude*, éditions du Seuil, 1991.

Table des matières

Achevé d'imprimer
sur les presses de l'imprimerie EMD,
en France
en janvier 2013

N° d'impression : 27758 – dépôt légal : janvier 2013

090650-01